SABINE KOCH

Zauberhafte Perlenarmbänder

INHALT

F1
APPALOOSA
Warmblut
Herkunft:
Amerika
F2
QUARTE
Warmblut
Herkunft:
England

▸46

VANILLA

Zauberhafte Perlenarmbänder

Mit Perlenarmbändern, Ketten und Ringen in tollen Farben lässt sich ein Outfit fantasievoll aufpeppen. Egal ob in nobel zurückhaltendem Schwarz-Gold oder edlem Blau-Silber, mit diesen Schmuckstücken liegst du voll im Trend! Hier findest du zu jedem Modestil und Anlass ein passendes Accessoire: Flaggen für den Trip nach London und Rom, Fußbälle fürs nächste Public-Viewing, Wassertiere für die Ferien am Meer, Krönchen für die Prinzessin in dir und Schwert und Wappen für Mittelalterfans. Über ein selbst gemachtes Accessoire aus Perlen freut sich bestimmt auch deine beste Freundin. Wie wäre es beispielsweise mit einer neuen Handytasche oder einem Freundschaftsband in leuchtenden Farben? Auch für Jungs sind coole Bänder mit dabei!

Mit wenig Aufwand und viel Spaß lassen sich so tolle Schmuckstücke für die nächste Party, den nächsten Kinobesuch oder den Schulalltag weben. Besonders schön wirken die Armbänder und Accessoires vor allem in Kombination mit unifarbenen oder wenig gemusterten Oberteilen. Probiere es doch einfach mal aus!

Viel Spaß dabei wünscht dir

Schwarz-goldene Kombination

vornehm und dezent

MATERIAL

* Rocailles „Opak“ in Schwarz, ø 2 mm
* Rocailles in Gold, ø 2 mm
* Je 6 Perlen in Gold, ø 3 mm
* Nähgarn in Schwarz
* Drehverschluss für jedes Schmuckstück

VORLAGE

Seite 53

Kette

1 Sechs Kettfäden, je 1,50 m lang, am Querhölzchen befestigen und anschließend einzeln durch die Kerben hin zu den Holzknöpfen spannen. Nun nach der Zählvorlage das Muster weben.

2 Sobald der Webrahmen mit Perlen gefüllt ist, die Fäden von den Holzknöpfen lösen, das Gewebte auf das Querhölzchen rollen, die Fäden erneut spannen und mit der nächsten Reihe fortfahren.

3 Ist die Kette fertig, die Arbeit vom Rahmen nehmen. Die Fäden jeder Seite in zwei Stränge teilen und jeden Strang mit fünf Rocailles, abwechselnd in Schwarz und Gold, verzieren. Die beiden Perlenstränge einer Seite zusammenführen und die Fadenenden mit drei größeren Perlen in Gold bestücken.

4 Abschließend den Drehverschluss festknoten.

Armband

1 Sechs Kettfäden spannen und nach der Zählvorlage weben.

2 Nach der letzten Reihe die Arbeit vom Rahmen lösen und das Armband genauso fertig stellen wie die Kette. So entstehen zwei edle Schmuckstücke.

du mit

In strahlendem Gelb

Sonnenstrahlen fürs Handgelenk

MATERIAL

ARMBAND IN GELB-BLAU

* Rocailles „Porzellan" in Gelb und Blau, ø 2 mm
* Nähgarn in Gelb
* Nylonfaden, ø 0,15 mm
* Ringverschluss in Gold

MÄUSE-ARMBAND

* Rocailles „Perlmutt" in Gelb und Schwarz, ø 2 mm
* 2 Rocailles in Gold, ø 2 mm
* 14 Rocailles „Opak" in Weiß, ø 2,5 mm
* 2 Rocailles „Opak" in Rosa, ø 2,5 mm
* 4 Holzperlen in Schwarz, ø 4 mm
* 2 Holzperlen in Gelb, ø 4 mm
* Nähgarn in Gelb
* Drehverschluss in Gold

VORLAGE
Seite 53

Armband in Gelb-Blau

1 Mit dem gelben Nähgarn zehn Kettfäden auf den Perlenwebrahmen spannen.

2 Nun das Muster entsprechend der Zählvorlage weben. Dabei mit der Einzelperle an der Spitze des unteren Dreiecks beginnen: Einen ca. 75 cm langen Nylonfaden am 5. Kettfaden festbinden, eine gelbe Perle auffädeln, die nun von unten her zwischen den 5. und 6. Kettfaden gedrückt wird; den Schussfaden rechts um den 6. Kettfaden herum und durch die Perle zurückführen. Für die 2. Reihe drei gelbe Perlen auffädeln, von unten her zwischen die betreffenden Kettfäden drücken und nach dem beschriebenen Webprinzip fortfahren.

3 Nach dem Fixieren der oberen Dreiecksspitze die Arbeit vom Rahmen lösen und die Fäden vernähen.

4 Zum Schluss durch die Einzelperlen an den Dreiecksspitzen einen Nylonfaden ziehen und den Ringverschluss festknoten. Fertig ist dein fröhliches Armband.

Mäuse-Armband

1 Zehn gelbe Kettfäden auf den Webrahmen spannen. Das Mäuse-Armband entsprechend der Zählvorlage fertigen.

2 Die Webarbeit vom Rahmen nehmen. Nun die Fäden durch drei teilen: Auf jeden Strang eine schwarze Rocaille, dann eine gelbe Rocaille dreimal im Wechsel aufziehen. Anschließend jeweils die drei Stränge bündeln und eine schwarze, eine gelbe und nochmals eine schwarze Holzperle aufziehen. Den Drehverschluss befestigen und schon ist das passende Mäuse-Armband fertig.

Mein Tipp für dich

Farbvariante Nicht zu jedem Hauttyp passt die Farbe Gelb. Schöne Alternativen sind auch Türkis kombiniert mit Schwarz oder Weinrot mit Orange.

Frühlingsfrisch und heiter

mit Durchblick oder ohne ...

MATERIAL

GRÜNE KETTE MIT LOCHMUSTER

* Rocailles „Porzellan“ in Hellgrün, ø 2,5 mm
* Nähgarn in Grün
* Drehverschluss in Gold

ARMBAND IN WEISS-GRÜN

* Rocailles „Porzellan“ in Weiß, ø 2 mm
* Rocailles „Matt“ in Grün, ø 2 mm
* 6 Holzperlen in Grün, ø 4 mm
* Nähgarn in Weiß

ARMBAND IN MINT, GELB UND ROT

* Rocailles „Opak“ in Gelb und Rot, ø 2,6 mm
* Rocailles „Porzellan“ in Mint, ø 2,6 mm
* Nähgarn in Grün
* Drehverschluss in Silber

VORLAGE

Seite 55

Grüne Kette mit Lochmuster

1 Acht grüne Kettfäden, je 1,20 m lang, am Querhölzchen festbinden und einzeln durch die Kerben zu den Holzknöpfen spannen.

2 Am 4. Kettfaden den Schussfaden festknoten. Für die Dreiecksspitze eine grüne Perle auffädeln, von unten her zwischen den 4. und 5. Kettfaden drücken und den Schussfaden rechts um den 5. Kettfaden herum durch die Perle zurückführen. Dann drei Perlen aufnehmen, von unten her zwischen die betreffenden Kettfäden drücken und nach dem üblichen Webprinzip gemäß Zählvorlage fortfahren.

3 Nach der 7. Reihe beginnt das Lochmuster: Für die 8. Reihe wird am linken Rand zunächst nur eine einzige Perle aufgefasst und mit dem Schussfaden zwischen dem 1. und 2. Kettfaden fixiert. Nun wird sogleich die 9. Reihe, bestehend aus sieben Perlen, gewebt. Darauf folgt die 10. Reihe, die im Prinzip der 8. Reihe gleicht, usw.

4 Ist der Rahmen voll, werden die Lücken gefüllt (siehe Vorlage S. 55 „Lochmuster“): In der 8. Reihe am 3. Kettfaden einen Faden festknoten und eine Perle aufnehmen, die von rechts her mit dem Schussfaden fixiert wird. Den Faden durch die darüber liegende Perle in der 9. Reihe ziehen und in der 10. Reihe eine weitere Perle einweben. Nach demselben Prinzip das gesamte Lochmuster der bereits gewebten Reihen fertigen.

5 Um die Kette auf die endgültige Länge bringen zu können, die Fäden von den Holzknöpfen lösen und das Gewebte auf das Querhölzchen rollen. Nun die Fäden erneut spannen und die Kette vollends weben.

6 Zum Schluss die Fäden vernähen und den Drehverschluss festknoten.

Armband in Weiß-Grün

1 Acht weiße Kettfäden auf den Webrahmen spannen. Das Armband nach der Zählvorlage weben. Die Enden werden erst zum Schluss verziert.

2 Die Webarbeit vom Rahmen lösen und die Fäden auf beiden Seiten in zwei Fadenstränge teilen: Auf einen der Fadenstränge fünf grüne Perlen, auf den anderen fünf weiße Perlen fädeln. Die beiden Fadenstränge auf jeder Seite bündeln und je drei grüne Holzperlen aufziehen. Durch die letzte Perle einen oder zwei Fäden noch einmal gegengleich durchführen und die Perlen mit Knoten sichern.

Armband in Mint, Gelb und Rot

1 Acht grüne Kettfäden auf den Rahmen spannen. Nach der Zählvorlage weben.

2 Das Perlenband vom Rahmen nehmen. Die Fadenenden beider Seiten werden jeweils in zwei Stränge geteilt und mit Rocailles in der Farbfolge Gelb – Rot – Mint – Gelb – Rot – Mint verziert. Die beiden Perlenstränge einer Seite zusammenführen und nochmals je eine gelbe, rote und mintfarbene Rocaille auffädeln.

3 Abschließend den silbernen Drehverschluss festknoten und fertig ist das Armband. So kann der Frühling kommen!

Ladylike

perfekt gestylt

MATERIAL
ARMBAND IN GRÜNTÖNEN
* Rocailles in Hellgrün, Dunkelgrün und Mittelgrün, mit Silbereinzug, ø 2,6 mm
* Rocailles „Perlmutt“ in Hellgrün, ø 2 mm
* 2 Kristallperlen in Hellgrün, ø 8 mm
* Nähgarn in Grün
* Drehverschluss in Gold

VORLAGE
Seite 53

Armband in Grüntönen

1 Zehn Kettfäden auf den Rahmen spannen und die ersten drei Reihen nach der Zählvorlage weben.

2 In der 4. Reihe für das Lochmuster eine Perle aufnehmen, von unten her zwischen den 1. und 2. Kettfaden legen und den Schussfaden von rechts her durch die Perle zurückführen – er muss dabei auch den 3. Kettfaden umschlingen und an die Einzelperle heranziehen, damit später die Wirkung des Lochmusters entsteht. Die nächsten beiden Einzelperlen am linken Rand ebenso einweben, bevor wieder eine volle Neunerreihe gearbeitet wird.

3 Mit drei vollen Neunerreihen abschließen. Ist die letzte (51.) Reihe des Bands fertig, wird das Lochmuster vollendet: Einen Schussfaden unten an den 4. Kettfaden knoten (siehe Zeichnung S. 53). Zwischen den 5. und 6. Kettfaden drei Reihen à eine Perle einweben, wobei der Schussfaden links auch den 4. Kettfaden und rechts auch den 7. Kettfaden umfasst und jeweils an die Einzelperlen heranzieht. Ist das Loch schließlich fertig, wird der Schussfaden teilweise durch die vollständigen Neunerreihen gefädelt, um dann das darüber liegende Loch herzustellen.

4 Die Löcher auf der rechten Seite (zwischen den Kettfäden sechs und neun) werden entsprechend der Zeichnung nach demselben Prinzip hergestellt.

5 Das Armband vom Rahmen lösen. Die überstehenden Fäden pro Seite in drei Stränge teilen und jeden Strang mit sechs Rocailles versehen: Je einen Strang in Hellgrün, Mittelgrün und Dunkelgrün. Danach die Fäden bündeln und eine hellgrüne Kristallschliffperle auffädeln. Den Drehverschluss festknoten.

6 Fünf Kettfäden auf den Rahmen spannen und mit den kleineren Perlen ein hellgrünes Band aus 65 Viererreihen weben. Die Fäden vernähen und das Band an der Schmalseite des Armbands festnähen. Durch die Löcher schlingen und dann auch am anderen Ende des Armbands fixieren. Mit einem zweiten Perlenband nach demselben Schema verfahren.

Weiter geht es auf Seite 14 ...

MATERIAL
KETTE IN GELB-ORANGE

* Rocailles „Porzellan" in Hellorange, Hellgelb und Gelb, ø 2,6 mm
* Rocailles „Matt" in Orange, ø 2,6 mm
* 6 Rocailles „Matt" in Orange, ø 4 mm
* 18 Holzperlen in Gelb, ø 4 mm
* Nähgarn in Gelb
* Drehverschluss

VORLAGE
Seite 53

Kette in Gelb-Orange

1 Zehn Kettfäden, je 1,75 m lang, am Querhölzchen des Webrahmens befestigen und durch die Kerben zu den Holzknöpfen spannen. Nach der Zählvorlage mit dem Weben der ersten beiden Reihen beginnen.

2 Das erste Loch wird vorbereitet, indem in der 3. und 4. Reihe zunächst nur je zwei Perlen am linken Rand eingeflochten werden; dabei muss der Schussfaden jeweils auch den 4. Kettfaden umschlingen und an die Perlen heranziehen. Danach folgen die nächsten beiden vollen Neunerreihen, dann wieder zwei Zweierreihen usw.

3 Ist der Rahmen mit Perlen gefüllt, wird das Lochmuster vervollständigt: In der 3. Reihe am 5. Kettfaden einen neuen Schussfaden festknoten. Eine einzelne Perle auffädeln, von unten her zwischen den 5. und 6. Kettfaden drücken und den Faden wieder von rechts nach links durch die Perle zurückführen. In der nächsten Reihe eine weitere Einzelperle einweben, dann den Faden durch die Neunerreihen hindurch zum darüber liegenden Loch ziehen und nach demselben Prinzip fortfahren.

4 Für die Löcher auf der rechten Seite des Bands wird ein neuer Schussfaden an den 7. Kettfaden geknotet. Zwei Perlen auffassen, von unten her zwischen die Kettfäden acht bis zehn drücken und mit dem Schussfaden durch die Perlen zurückfahren. Vor dem Auffädeln der nächsten beiden Perlen den 7. Kettfaden mit dem Schussfaden umschlingen und an die Perlen heranziehen. Nach demselben Prinzip weiterarbeiten.

5 Um die Kette noch auf die richtige Länge zu bringen, werden die Fäden von den Holzknöpfen gelöst. Das Gewebte auf das Querhölzchen rollen, die Fäden erneut durch die Kerben spannen und mit der nächsten Reihe weiterarbeiten.

6 Die Webarbeit vom Rahmen lösen. Die Fäden auf beiden Seiten in drei Stränge teilen, die mit je drei gelben Holzperlen versehen werden. Die Stränge jeder Seite zusammenführen und nochmals drei größere orangefarbene Perlen aufziehen. Den Drehverschluss festknoten.

7 Für den ersten Perlenstrang zwei Kettfäden, je ein Meter lang, an das Querhölzchen binden, die Fäden spannen und den Strang einreihig (104 Reihen) weben. Die Fäden vernähen und das Ganze durch die linke Lochreihe führen; die Enden festnähen. Ebenso eine zweite Perlenkette für die rechte Lochreihe fertigen und schon hast du eine stylische Kette zum Ausgehen.

Nachtblau

schön am Abend

MATERIAL

* Rocailles „Opak“ in Blau, ø 2 mm
* Rocailles in Silber, ø 2 mm
* Drehverschluss für jedes Schmuckstück
* Nähgarn in Blau

VORLAGE

Seite 53

Kette

1 Sieben blaue Fäden, je 1,50 m lang, am Querhölzchen festknoten und einzeln durch die Kerben des Webrahmens hin zu den Holzknöpfen spannen (siehe Anleitung S. 51/52). Nach der Zählvorlage weben.

2 Sobald der Webrahmen mit Perlen gefüllt ist, die Fäden von den Holzknöpfen lösen, das Gewebte auf das Querhölzchen rollen, dann die Fäden wieder spannen und mit dem Weben fortfahren.

3 Die Kette vom Rahmen lösen und die sieben Fäden jedes Endes in zwei Stränge teilen, die mit je fünf silbernen Rocailles bestückt werden. Zum Schluss den Drehverschluss festknoten.

Armband

1 Sieben Kettfäden spannen und nach der Zählvorlage das Muster weben.

2 Nach der letzten Reihe die Arbeit vom Rahmen lösen und das Armband genauso fertig stellen wie die Kette.

1:0 für Fußballfans

... ein Sieg für die rasengrünen Perlen!

MATERIAL

ARMBAND

* Indianerperlen in Grün und Maigrün, ø 2,5 mm
* 10 Holzperlen in Hellgrün, ø 4 mm
* 2 Schmuckperlen „Fußball“, ø 10 mm
* Nähgarn in Grün
* Ringverschluss in Gold

KETTE

* Indianerperlen in Grün und Maigrün, ø 2,5 mm
* 14 Holzperlen in Hellgrün, ø 4 mm
* 5 Schmuckperlen „Fußball“, ø 10 mm
* Nähgarn in Grün
* Drehverschluss in Gold

Armband

1 Sieben Kettfäden, je 1 m lang, am Querhölzchen befestigen und anschließend einzeln durch die Kerben hin zu den Holzknöpfen spannen.

2 Nun die ersten zwölf Reihen in Grün und Maigrün – nach Belieben gemischt – weben. Die Fäden von den Holzknöpfen lösen, bündeln und eine grüne Holzperle, eine Fußball-Schmuckperle sowie eine weitere Holzperle aufziehen.

3 Die Fäden erneut spannen und den Vorgang unter Punkt 2 nochmals durchführen. Das Armband mit zwölf Reihen Rocailles in den zwei Grüntönen beenden.

4 Die Webarbeit vom Rahmen lösen und über die gebündelten Fadenstränge beider Enden je drei hellgrüne Holzperlen ziehen.

5 Zum Schluss den Ringverschluss anknoten.

Kette

1 Vier Kettfäden, je 1,20 m lang, am Querhölzchen befestigen und einzeln durch die Kerben des Webrahmens zu den Holzknöpfen spannen. Nun 50 Reihen à drei Rocailles in Grün und Maigrün weben; dabei in der Mitte des Rahmens beginnen, da die Anfänge der Kettfäden später mit Perlen bestückt werden.

2 Die Fäden vom Rahmen lösen und über alle Fäden gemeinsam eine grüne Holzperle, eine Fußball-Schmuckperle und eine weitere Holzperle ziehen. Das Gewebte auf das Querhölzchen rollen und die Fäden wieder spannen. Nun weitere 30 Reihen mit Rocailles weben.

3 Die Webarbeit vom Rahmen nehmen und drei Holzperlen über die gebündelten Fadenenden ziehen. Die erste Hälfte des Drehverschlusses anbringen.

4 Nun den zweiten Strang der Kette auf die gleiche Weise weben.

5 Abschließend die Webarbeiten zusammenführen und die Anfänge aller Kettfäden bündeln. Diesen Fadenstrang im Wechsel mit insgesamt vier Holzperlen und drei Fußball-Perlen bestücken. Damit die Perlen nicht rutschen, die Fadenenden gegengleich durch die letzte Holzperle ziehen und mehrmals verknoten. Fertig ist die Kette. Damit triffst du jedes Tor.

04
EXTRA Atemerfrisch

Verspielt, natürlich, witzig!

Originelles für Tierfreunde

MATERIAL

MARIENKÄFER-ARMBAND

* Rocailles „Opak“ in Orange, Rot und Schwarz, ø 2 mm
* 6 Holzperlen in Orange, ø 4 mm
* Nähgarn in Orange
* Verschluss mit Verlängerungskettchen in Silber

FROSCH-ARMBAND

* Indianerperlen in Grün und Gelb, ø 2,5 mm
* Rocailles „Opak“ in Schwarz, ø 2,5 mm
* Holzperlen, ø 4 mm, 8 x in Schwarz und 2 x in Gelb
* Nähgarn in Gelb
* Magnetverschluss in Gold

VORLAGE

Seite 54

Marienkäfer-Armband

1 Acht Kettfäden auf den Webrahmen spannen und das Muster gemäß Vorlage weben. Die Webarbeit auf dem Rahmen lassen.

2 Für den ersten Flügel in die 3. Perlenreihe des Käfers einen doppelt gelegten, 50 cm langen Faden ziehen; dabei ein 10 cm langes Stück zum späteren Verknoten hängen lassen. Neun schwarze Rocailles auffädeln, den Faden durch die 4. Reihe zurückführen und weitere neun Perlen aufnehmen. Den Faden wieder durch die 3. Reihe ziehen. Anschließend die Fadenenden miteinander verknoten.

3 Den zweiten Flügel auf die gleiche Art in der 5. und 6. Reihe des Käfers einarbeiten, dabei je zwölf Perlen auffädeln.

4 Nachdem jeder Käfer mit Flügeln versehen wurde, das Band vom Rahmen lösen. An beiden Enden auf die gebündelten Kettfäden drei orangefarbene Holzperlen ziehen. Den Kettenverschluss festknoten und den Knoten mit Alleskleber sichern.

Frosch-Armband

1 13 Kettfäden auf den Webrahmen spannen und nach der Zählvorlage die Frösche weben.

2 Die Augen der Frösche annähen: Dazu einen 50 cm langen Faden durch die 5. Reihe des Armbands ziehen, eine schwarze Holzperle aufnehmen und den Faden durch die 6. Reihe zurückfädeln. Das Gleiche in der 8. bis 9. Reihe wiederholen. Die Fadenenden verknoten und vernähen, indem sie durch die nächsten Perlenreihen geführt werden. Entsprechend die Augen der anderen Frösche hinzufügen.

3 Die Arbeit vom Rahmen lösen und die Kettfäden beider Enden in je vier Stränge teilen: Jeden Strang abwechselnd mit 2 x zwei grünen Perlen und 2 x zwei gelben Perlen verzieren. Nun alle Fäden einer Seite bündeln und eine gelbe Holzperle aufziehen.

4 Zum Schluss den Magnetverschluss anbringen und dein tierischer Begleiter ist fertig.

Mein Tipp für dich

Partnerlook Webe für deine Freundin dasselbe oder ein in ähnlichen Farben gehaltenes Armband und schon könnt ihr im Partnerlook gemeinsam auftreten.

VANILLA

Pastellfarben

alltagstaugliche Accessoires

MATERIAL

ARMBAND IN GRÜN & BLAU

* Rocailles „Alabaster" in Grün, Blau und Rosa, ø 2,7 mm
* Nähgarn in Grün
* Drehverschluss in Silber

ARMBAND IN LILA

* Rocailles „Opak" in Lila, ø 2,6 mm
* Rocailles „Perlmutt" in Hellila, ø 2 mm
* 6 Holzperlen in Rosa, ø 4 mm
* Nähgarn in Rosa
* Ringverschluss in Silber

ARMBAND IN ROTTÖNEN MIT EINGEWEBTEM PERLENSTRANG

* Rocailles „Perlmutt" in Rosa, ø 2,6 mm
* Rocailles „Perlmutt" in Bordeaux, ø 2 mm
* 12 Holzperlen in Rosa, ø 4 mm
* 6 Holzperlen in Rot, ø 4 mm
* Sternchengarn in Rosa

VORLAGE

Seite 54

Armband in Grün & Blau

1 Sieben grüne Fäden auf den Webrahmen spannen und das Armband nach der Zählvorlage weben.

2 Nach der letzten Reihe die Webarbeit vom Rahmen lösen, die Fäden auf beiden Seiten in zwei Stränge teilen und jeden Strang mit je einer Perle in den drei Farbtönen bestücken. Anschließend jeweils die beiden Perlenstränge einer Seite zusammenführen und nochmals drei Perlen auf die Fadenenden ziehen. Den Drehverschluss fixieren.

Armband in Lila

1 Acht Kettfäden auf den Webrahmen spannen. Abwechselnd vier Siebenerreihen in Helllila und vier Siebenerreihen in Lila weben; das Ganze sechsmal wiederholen, dann mit vier Reihen in Helllila die Webarbeit beenden.

2 Die langen Seiten des Armbands mit „Fransen" versehen: Dazu in die erste lilafarbene Reihe von rechts nach links einen 50 cm langen Faden ziehen, am Ende verknoten. Fünf Perlen in Helllila auffädeln und den Faden durch die gesamte Perlenreihe zurückführen, indem die äußere linke Perle übersprungen wird.

3 Nun den Faden von rechts nach links durch die 2. Reihe führen, sieben Perlen auffädeln und den Faden an der äußeren linken Perle vorbei durch die Perlenreihe zurückführen. In der 3. Reihe werden nochmals fünf Perlen, in der 4. Reihe wieder sieben Perlen aufgenommen.

4 Den Faden zur nächsten lilafarbenen Reihe führen und nach demselben Prinzip diesmal den rechten Rand mit „Fransen" verzieren.

5 Die Webarbeit vom Rahmen lösen, alle Fäden einer Seite bündeln und mit je drei Holzperlen bestücken. Zuletzt den Verschluss anbringen und schon hast du ein Armband in der Trendfarbe Lila.

Armband in Rottönen

1 Acht Fäden auf den Rahmen spannen. Zuerst eine Reihe mit sieben Rocailles in Rosa weben. Nun am linken Rand zwei Perlen auffädeln, von unten her zwischen die betreffenden Kettfäden drücken und den Schussfaden von rechts her durch die beiden Perlen zurückführen: Um das Lochmuster zu fertigen, muss dabei der 4. Kettfaden ebenfalls vom Schussfaden umschlungen werden. Nun eine weitere Zweierreihe am linken Rand weben; auch hier mit dem Schussfaden den 4. Kettfaden an die Perlen heranziehen. Danach mit der nächsten Siebenerreihe fortfahren.

2 Die Zweierreihen am rechten Rand werden erst eingefügt, wenn die letzte Siebenerreihe gewebt und der Schussfaden vernäht wurde: Einen neuen Schussfaden an den 5. Kettfaden knoten; gemäß Zeichnung zwei Perlen auffädeln, zwischen die Kettfäden sechs bis acht drücken und den Faden von rechts her durch die Perlen zurückführen. Bei der nächsten Zweierreihe muss der 5. Kettfaden mithilfe des Schussfadens an die Perlen herangezogen werden, damit das Lochmuster entsteht.

3 Den Faden auch durch die äußeren Perlen der Siebenerreihe ziehen, dann mit den darüber liegenden Zweierreihen fortfahren.

4 Das Armband vom Rahmen lösen, die Fäden auf beiden Seiten in zwei Stränge teilen und jeden Strang mit drei rosafarbenen Holzperlen versehen. Die Fäden zusammenführen und zum Abschluss mit drei roten Holzperlen bestücken. Gut verknoten.

5 Für den bordeauxroten Perlenstrang drei Kettfäden spannen und 48 Zweierreihen weben. Vom Rahmen lösen, die Fäden vernähen und das Band wellenförmig durch die Löcher des Armbandes ziehen; an den Enden des Armbands festnähen. Fertig ist das Armband für jeden Tag.

Wild, lustig und spontan

für die Fanmeile

MATERIAL

* Rocailles „Perlmutt" in Weiß, ø 2,6 mm
* Rocailles „Opak" in Rot, Gelb und Schwarz, ø 2 mm
* Nähgarn in Weiß
* Nylonfaden, ø 0,15 mm
* Ringverschluss in Silber (Kette)
* Haarspange in Silber, 5,5 cm lang
* Silberdraht, ø 0,3 mm, 50 cm lang (Ring)

VORLAGE
Seite 54

Armband

1 Sechs Kettfäden spannen und 42 Reihen à fünf Perlen in Weiß weben.

2 Das Band vom Rahmen lösen und die Fäden in zwei Stränge teilen, die mit je drei weißen Rocailles bestückt werden. Die beiden Stränge zusammenführen und nochmals drei Rocailles auffädeln. Anschließend den Ringverschluss festknoten.

3 15 cm Nylonfaden zur Hälfte durch eine Perle des Armbands ziehen. Auf jede Hälfte werden nun fünf Rocailles gefädelt; den Faden jeweils zum Ansatz am Band zurückziehen, indem er an der äußeren Perle vorbeigeführt wird. Die Fadenenden mehrmals miteinander verknoten und kürzen.

4 Auf dieselbe Weise werden in unregelmäßigen Abständen viele Perlenstränge als „Fransen" in Gelb, Rot und Schwarz angebracht.

Haarspange

1 Fünf Kettfäden auf den Rahmen spannen und 19 Reihen mit je vier weißen Rocailles weben.

2 Die Webarbeit vom Rahmen lösen und die Fäden vernähen. Gemäß der Anleitung für das Armband die „Fransen" anbringen.

3 Zum Schluss das Ganze mit Schmuckkleber auf die Haarspange kleben und gut trocknen lassen.

Ring

1 Für die Herstellung des Rings wird kein Webrahmen verwendet.

2 Drei weiße Rocailles in die Mitte des Silberdrahts schieben. Nun das linke Drahtende von rechts her gegengleich durch die Rocailles ziehen.

3 Wieder drei Perlen auf die rechte Drahtseite ziehen, den Draht so biegen, dass die Perlen direkt über der vorigen Perlenreihe zu liegen kommen; nun das linke Drahtende gegengleich durch die neu aufgefädelten Perlen ziehen. Diesen Vorgang so lange wiederholen, bis der gewünschte Umfang des Rings erreicht ist.

4 Um den Ring zu schließen, eines der Drahtenden durch die erste Perlenreihe am Ring ziehen, die Drähte verdrehen und kürzen.

5 Mithilfe von drei Nylonfäden, je 15 cm lang, und je zehn Rocailles in Rot, Gelb und Schwarz die „Fransen" einziehen, wie beim Armband beschrieben. Fertig ist der dritte Teil deiner Fan-Ausrüstung. So kann es zum Anfeuern gehen.

Pfiffig in Mint und Lila

das ideale Jeans-Ensemble

MATERIAL

* Rocailles „Porzellan" in Mint und Lila, ø 2,6 mm
* Holzperlen in Violett und Lila oder Weiß, ø 4 mm
* Nähgarn in Lila
* Drehverschluss in Silber

VORLAGE

Seite 54

Kette

1 Neun Kettfäden, je 1,50 m lang, am Querhölzchen befestigen und einzeln durch die Kerben des Webrahmens zu den Holzknöpfen spannen. Nun entsprechend der Zählvorlage mit dem Weben der ersten neun Reihen beginnen.

2 Jetzt die Fäden von den Holzknöpfen lösen und zu vier Fadensträngen bündeln: Auf den linken Fadenstrang werden zwölf mintfarbene Rocailles, eine Holzperle in Violett und drei lilafarbene Rocailles gefädelt. Der zweite Fadenstrang wird mit neun Rocailles in Mint, einer Holzperle in Violett und sechs lilafarbenen Rocailles bestückt. Gemäß Zählvorlage auch die beiden anderen Fadenstränge mit Perlen versehen.

3 Anschließend die Fäden wieder spannen und das gleiche Muster noch zweimal wiederholen. Die Kette mit neun Achterreihen abschließen.

4 Die Webarbeit vom Rahmen lösen und die Fäden auf beiden Seiten in zwei Stränge teilen: Auf jeden Strang drei Holzperlen in Weiß ziehen, die Fadenenden zusammenführen und nochmals drei weiße Perlen auffädeln. Zum Schluss den Drehverschluss festknoten.

Armband

Es wird genauso hergestellt wie die Kette. Das Muster wird entsprechend der Zählvorlage zweimal gewebt und endet ebenfalls mit dem Streifenmuster. Auf die abschließenden Fadenstränge werden lilafarbene (statt weiße) Holzperlen gefädelt.

Mein Tipp für dich

Glücksbringer Mit diesem Armband gelingt jede Klassenarbeit. Nimm es einfach mit und schon hilft dir das kleine „Mutmacher"-Armband bei schweren Aufgaben.

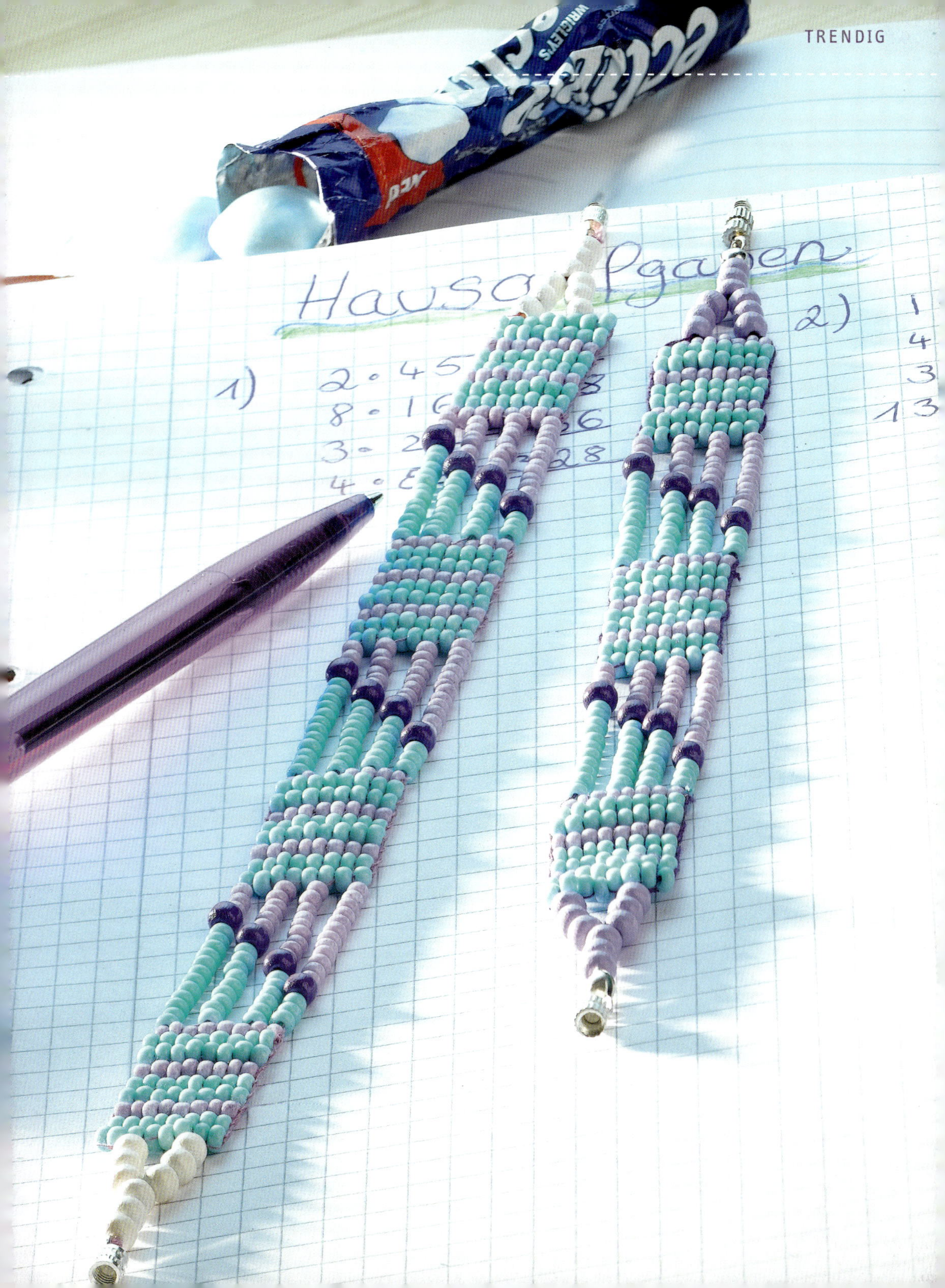

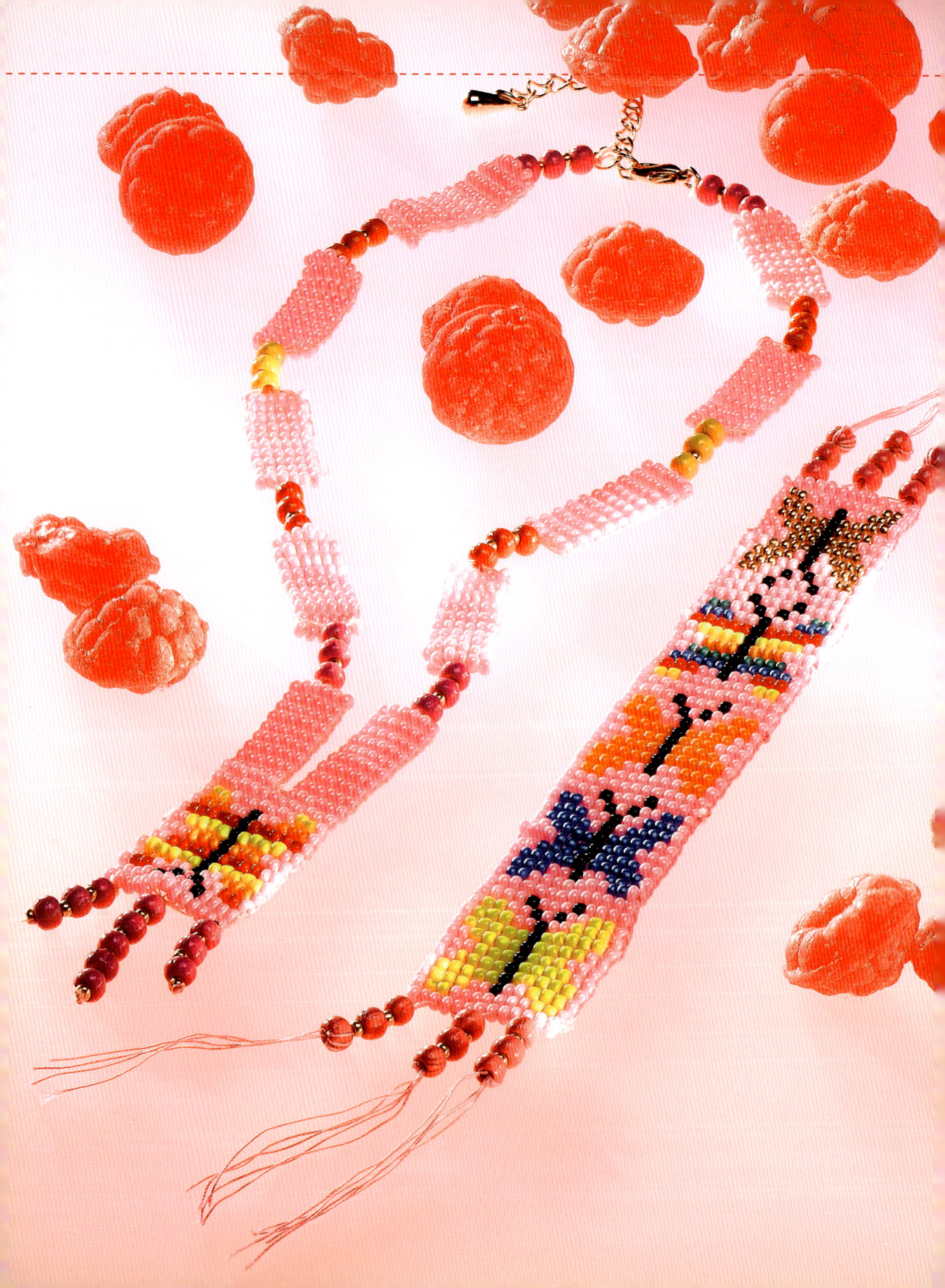

Sommerfrische Accessoires

für lebenslustige Luftikusse

MATERIAL

SCHMETTERLINGS-ARMBAND

* Rocailles „Ceylon“ in Rosa, ø 2,5 mm
* Rocailles „Opak“ in Gelb, Orange, Rot und Schwarz, ø 2,5 mm
* Rocailles „Perlmutt“ in Blau, Grün und Gold, ø 2,5 mm
* 18 Holzperlen in Rosa, ø 4 mm
* Nähgarn in Rosa

SCHMETTERLINGS-KETTE

* Rocailles „Ceylon“ in Rosa, ø 2,5 mm
* Rocailles „Opak“ in Gelb, Orange, Rot und Schwarz, ø 2,5 mm
* Rocailles „Perlmutt“ in Gold, ø 2,5 mm
* Holzperlen, ø 4 mm, 23 x in Lila und je 6 x in Rot, Orange und Gelb
* Nähgarn in Rosa
* Verschluss mit Verlängerungskettchen in Gold

VORLAGE

Seite 56

Schmetterlings-Armband

1 14 Kettfäden auf den Perlenwebrahmen spannen. Das Muster entsprechend der Zählvorlage weben.

2 Das Armband vom Rahmen lösen. Die Fadenenden auf beiden Seiten in drei Stränge teilen. Auf jeden Fadenstrang abwechselnd insgesamt drei rosa Holzperlen und zwei goldene Rocailles ziehen. Damit die Perlen nicht rutschen, jedes Fadenende nochmals gegengleich durch die jeweils letzte rosafarbene Holzperle ziehen und die Fadenenden verknoten.

Schmetterlings-Kette

1 14 Kettfäden, je 1,50 m lang, am Querhölzchen befestigen und einzeln durch die Kerben des Webrahmens zu den Holzknöpfen spannen. Nun nach der Zählvorlage das Medaillon mit dem Schmetterling weben; dabei in der Mitte des Webrahmens beginnen, da auf die Fäden am unteren Rand des Medaillons später Holzperlen und Rocailles gezogen werden.

2 Nach den ersten zwölf Reihen sieben Kettfäden vom Rahmen lösen. Auf die verbleibenden Kettfäden zehn Reihen à sechs Perlen in Rosa weben. Danach auch diese Fäden vom Rahmen lösen und bündeln; abwechselnd insgesamt drei lila Holzperlen und zwei goldene Rocailles aufziehen.

3 Nun die Fäden wieder spannen und weitere zehn Reihen in Rosa weben. Die Holzperlen in Rot und die Rocailles in Gold auffädeln, wie unter Punkt 2 beschrieben. Es folgen drei weitere Abschnitte mit jeweils 10 x sechs Rocailles in Rosa sowie den dazwischenliegenden Holzperlen in Gelb, Orange und Lila und den goldenen Rocailles.

4 Danach die Fäden vom Rahmen lösen und die anderen sieben Kettfäden spannen. Auch diese Seite weben, wie unter Punkt 2 und 3 beschrieben. Schließlich die gesamte Kette vom Rahmen lösen.

5 Die überstehenden Fäden am unteren Rand des Medaillons in drei Stränge bündeln. Den mittleren Strang abwechselnd mit sechs goldenen Rocailles und fünf lila Holzperlen bestücken, die äußeren Fadenbündel mit je vier goldenen Rocailles und drei lila Holzperlen. Damit die Perlen nicht rutschen, die Fäden nochmals gegengleich durch die äußerste Rocaille ziehen und mehrmals verknoten.

6 Den Kettenverschluss befestigen. Fertig ist dein farbenfrohes Sommerarmband.

Natürlich verträumt

süß für Blumenkinder

MATERIAL

* Rocailles „Perlmutt" in Hellblau, Mittelblau, Grün, Flieder und Gelb, ø 2 mm
* Rocailles „Matt" in Weiß, ø 2 mm
* Rocailles „Opak" in Dunkelorange, Hellorange, Rot und Blau, ø 2 mm
* Je 6 Schmuckperlen in Hellblau mit Silbereinzug, ø 8 mm
* Nähgarn in Blau
* Kettenverschluss pro Schmuckstück

VORLAGE

Seite 61

Kette

1 Zehn blaue Kettfäden, je 1,50 m lang, am Querhölzchen festbinden, dann die einzelnen Fäden durch die Kerben des Webrahmens zu den Holzknöpfen spannen. Nun kann mit dem Weben nach der Zählvorlage begonnen werden; dabei die Blütenfarben variieren.

2 Ist der Webrahmen mit Perlen gefüllt, die Fäden von den Holzknöpfen lösen, das Gewebte auf das Querhölzchen rollen und die Fäden wieder durch die entsprechenden Kerben zu den Holzknöpfen spannen. Das Muster mit der nächsten Reihe fortsetzen.

3 Das Band vom Rahmen lösen und über die gebündelten Fäden jeder Seite drei hellblaue Schmuckperlen ziehen. Abschließend den Kettenverschluss festknoten.

Armband

14 Kettfäden in Blau spannen und nach der Zählvorlage die Webarbeit fertigen. Die Schmuckperlen und der Verschluss werden wie bei der Kette angebracht.

Mein Tipp für dich

Passendes Outfit Kombiniere die Kette und das Armband mit einem coolen Jeansrock und einem weißen Shirt. So kommst du überall gut an.

Ihre gewählte Hinfahrt
Stuttgart Hbf
Samstag 16.07. | 21Uhr
Wagenhalle | Nordbahnhof
Manumatei
Cadavre Exquis
Tina Ihle
Arline Morillo de Zwick
Lothar Bertrams
Ruven
Stefan Mellmann
Interstella
HIGHLIGHT

Black is beautiful

der Clou zum schwarzen Shirt

MATERIAL

ARMBAND IN SCHWARZ-WEISS MIT EINGEWEBTEM PERLENSTRANG

* Rocailles „Perlmutt“ in Weiß, ø 2,6 mm
* Rocailles „Matt“ in Schwarz, ø 2,6 mm
* Holzperlen in Schwarz und Weiß, ø 4 mm
* Sternchengarn in Weiß

ARMBAND MIT DREIECKEN

* Rocailles „Opak“ in Schwarz, Rot, Gelb und Hellblau, ø 2 mm
* Rocailles „Matt“ in Grün, ø 2 mm
* je 6 Holzperlen in Schwarz, Rot und Gelb, ø 4 mm
* Nähgarn in Schwarz
* Drehverschluss

VORLAGE

Seite 55

Armband in Schwarz-Weiß

1 Mit dem Sternchengarn elf Kettfäden spannen und die ersten drei Reihen abwechselnd mit schwarzen und weißen Rocailles weben.

2 Das Lochmuster entsteht, indem in der 4. bis 6. Reihe nur je drei Perlen am linken Rand gewebt werden; dabei muss der Schussfaden jeweils auch um den 5. und 6. Kettfaden herumgeführt werden. Mit der „vollen“ 7. und 8. Reihe der Zählvorlage fortfahren, bevor das nächste Loch entsprechend dem ersten vorbereitet wird.

3 Die Perlen, die sich rechts vom Lochmuster befinden, werden erst eingefügt, wenn die letzte (42.) Reihe gewebt wurde: Einen neuen Schussfaden an den 7. Kettfaden im ersten Loch knoten. Drei Perlen auffädeln, von unten her einzeln zwischen die Kettfäden acht bis elf drücken und den Schussfaden von rechts her durch die Perlen zurückführen. Vor dem Auffädeln der nächsten Dreierreihe den Schussfaden auch um den 7. Kettfaden herumführen: Dieser muss an die Dreier-Perlenreihen herangezogen werden, damit das Lochmuster entsteht. Den Schussfaden teilweise auch durch Perlen der vollständigen Reihen hindurchziehen.

4 Zum Schluss das Armband vom Rahmen lösen und die Fäden pro Seite in zwei Stränge teilen. Auf jeden Strang abwechselnd drei weiße und drei schwarze Perlen fädeln. Die beiden Fadenstränge jeder Seite zusammenführen und auf das Fadenbündel noch eine weiße, eine schwarze und eine weiße Perle ziehen. Die Fäden verknoten.

5 Für den Perlenstrang, der durchs Lochmuster gezogen wird, vier Kettfäden spannen; abwechselnd 22 schwarze und 21 weiße Dreierreihen weben. Die Arbeit vom Rahmen lösen, die Fäden vernähen und nach dem Einziehen des Perlenstrangs die Enden am Armband fixieren.

Armband mit Dreiecken

1 Zehn schwarze Kettfäden auf den Webrahmen spannen und nach der Zählvorlage das Muster weben.

2 Das Band vom Rahmen lösen. Die Fäden an den Kettenenden jeweils in zwei Stränge teilen. Jeden Strang mit je einer Holzperle in Schwarz, Rot und Gelb bestücken. Die beiden Stränge jeder Seite zusammenführen und noch einmal mit Perlen dieser Farbfolge versehen.

3 Abschließend den Drehverschluss befestigen.

Schickes (Jet)-Set

für Euros, Lippenstift & Taschentuch

MATERIAL

TÄSCHCHEN

* Rocailles „Perlmutt" in Khaki, ø 2,6 mm
* Rocailles „Perlmutt" in Khaki, Hellgrün und Dunkelgrün, ø 2 mm
* Holzperle in Grün, ø 8 mm
* Nähgarn in Khaki
* Nylonfaden, ø 0,15 mm

ARMBAND

* Rocailles „Perlmutt" in Khaki, Hellgrün und Dunkelgrün, ø 2 mm
* Rocailles „Perlmutt" in Khaki und Dunkelgrün, ø 2,5 mm
* Nähgarn in Khaki
* Drehverschluss in Gold

VORLAGE

Seite 55

Täschchen

1 25 Kettfäden auf den Rahmen spannen; die Außenfäden zusätzlich doppelt bespannen, damit das Täschchen mehr Stabilität erhält. Die ersten beiden Reihen nach der Zählvorlage mit den größeren khakifarbenen Perlen weben.

2 Das erste Loch vorbereiten: Am linken Rand drei Rocailles aufziehen, den Schussfaden wieder durch die Perlen zum linken Rand zurückziehen, dabei auch den 5. Kettfaden umschlingen, um ihn an die Perlen heranzuziehen. Jetzt folgt eine weitere Reihe mit drei Rocailles, die nach demselben Prinzip gewebt wird. Danach mit der nächsten vollen 24er-Reihe fortfahren und weiterweben, bis die Spitze des Dreiecks erreicht ist.

3 Das Lochmuster wird bearbeitet: Am 6. Kettfaden einen neuen Schussfaden festknoten. Drei Perlen auffassen und gemäß der Zeichnung von unten her zwischen die Kettfäden sieben bis zehn drücken; mit dem Schussfaden auch den 11. Kettfaden umschlingen, bevor er durch die drei Perlen zurückgeführt wird. Nun mit dem Schussfaden den 6. Kettfaden umschlingen und mit weiteren drei Perlen ebenso verfahren wie in der vorigen Reihe. Den Faden durch einen Teil der beiden 24er-Reihen hindurchziehen und nach dem gleichen Prinzip das Loch der nächsten Reihe fertigen usw. Beim Vollenden der Löcher auf der rechten Seite entsprechend verfahren.

4 Die fertige Arbeit vom Rahmen nehmen und die Fäden vernähen. Für den Verschluss durch die letzten beiden Rocailles am Dreieck einen 20 cm langen Nylonfaden zur Hälfte hindurchziehen: Auf eine Hälfte zehn Rocailles aufnehmen und die andere Fadenhälfte gegengleich hindurchziehen. Beim Festziehen und Verknoten der Fäden entsteht ein Perlenkreis.

5 Gemäß Zählvorlage mit den kleinen Perlen zwei Stränge weben, dann wellenförmig und gegengleich durch die Löcher ziehen und an der ersten und letzten Reihe der Tasche festnähen.

6 Die Tasche so zusammennähen, dass das Dreieck übersteht. In Höhe des Perlenkreises eine Holzperle annähen. Seitlich an der breitesten Stelle des Dreiecks einen zwei Meter langen Nylonfaden zur Hälfte einziehen. Auf die linke Hälfte des Fadens acht Rocailles auffädeln, auf die rechte Seite sieben Rocailles. Nun den rechten Faden gegengleich durch die achte Rocaille der anderen Fadenhälfte hindurchführen; so entsteht ein Perlenkreis. Diesen Vorgang wiederholen, bis die richtige Länge für die Aufhängung erreicht ist. Zum Schluss die Fadenenden verknoten und an der gegenüberliegenden Seite der Tasche festnähen. Damit kannst du alles nötige für den Einkauf mitnehmen.

Armband

1 Sieben Kettfäden spannen und nach der Zählvorlage mit der Webarbeit beginnen. Nach den ersten beiden Reihen folgt das Lochmuster: Zwei Perlen am linken Rand aufnehmen und den Schussfaden durch diese Perlen zurückführen; dann die nächste Zweierreihe weben. Mit der Sechserreihe fortfahren. Nach der letzten Reihe den Faden vernähen.

2 Nun die Löcher vollenden: Einen neuen Schussfaden an den 4. Kettfaden knoten. Zwei Perlen auffädeln, unter die betreffenden Kettfäden drücken und den Faden durch die Perlen zurückführen. Vor dem Auffädeln der nächsten beiden Perlen den 4. Kettfaden umschlingen, um ihn an die Perlen heranzuziehen. Gemäß der Zeichnung das Lochmuster für alle Reihen fertigen. Die Reihenfolge der Farben wird dabei beliebig variiert.

3 Das Armband vom Rahmen lösen, die Fäden zu zwei Strängen bündeln und jeden Strang mit fünf dunkelgrünen Rocailles bestücken. Die beiden Stränge einer Seite zusammenführen und nochmals mit drei grünen Rocailles versehen. Nun den Drehverschluss anbringen.

4 Die eingewebte Perlenkette aus den größeren Rocailles entweder nur einreihig auffädeln (ca. 65 Perlen) oder auf dem Webrahmen mithilfe von zwei Kettfäden weben. Sie wird an der ersten Reihe des Armbandes festgenäht, wellenförmig durch die Löcher gezogen und auch am Ende fixiert. Fertig ist das passende Armband.

Like a Princess ...

für junge Ladys mit Noblesse

MATERIAL

KETTE

* Rocailles „Opak“ in Rosa, ø 2 mm
* Rocailles „Perlmutt“ in Gold, ø 2 mm
* 6 Perlen in Gold, ø 8 mm
* Nähgarn in Rosa
* Drehverschluss in Gold

HANDY-TÄSCHCHEN

* Rocailles „Ceylon“ in Rosa, ø 2 mm
* Rocailles „Perlmutt“ in Gold, ø 2 mm
* Nähgarn in Rosa und Schwarz
* Handytäschchen in Schwarz

VORLAGE

Seite 57

Kette

1 18 Kettfäden, je 1,50 m lang, am Querhölzchen befestigen und einzeln durch die Kerben des Webrahmens zu den Holzknöpfen spannen. Nun entsprechend der Zählvorlage das Kronenmedaillon weben; dabei in der Mitte des Webrahmens beginnen, da später auf die Kettfäden am unteren Rand des Medaillons goldene Rocailles aufgefädelt werden.

2 Nach den ersten elf Reihen neun Fäden vom Rahmen lösen. Die verbleibenden Fäden gemäß Vorlage mit sechs Rocailles pro Reihe bis zum Rahmenende weben; dabei die äußeren Kettfäden an die Perlen heranziehen.

3 Nun das Gewebte vom Rahmen lösen und die anderen neun Kettfäden spannen. Auch diese auf dieselbe Weise nach dem Zählmuster weben und dann vom Rahmen nehmen. Die Webarbeit auf das Querhölzchen rollen, die Kettfäden erneut spannen und mit dem Weben fortfahren, bis die gewünschte Länge erreicht ist.

4 Schließlich die gesamte Kette vom Rahmen lösen, die jeweils sieben Kettfäden auf beiden Seiten in drei Stränge bündeln und mit je 15 goldenen Rocailles bestücken. Anschließend über alle Fäden einer Seite eine große goldene Perle und drei goldene Rocailles aufziehen. Diesen Vorgang wiederholen und mit einer großen Perle in Gold abschließen.

5 Den Drehverschluss befestigen.

6 Die überstehenden Fäden am Kronenmedaillon in acht Stränge teilen und abwechselnd mit je zehn bzw. 15 goldenen Rocailles verzieren. Damit die Perlen nicht rutschen, die Fadenenden gegengleich durch die jeweils letzte Perle ziehen und verknoten.

Handytasche

1 18 rosa Kettfäden spannen und nach der Zählvorlage das Muster weben; dabei in der Mitte des Rahmens beginnen, da die Fadenenden später für das Auffädeln der rosa „Fransen“ benötigt werden.

2 Nach der 11. Reihe die Arbeit vom Rahmen lösen und die überstehenden Fäden in sechs Stränge teilen. Jeden Fadenstrang mit drei rosa Rocailles verzieren. Damit die Perlen nicht rutschen, die Fäden gegengleich durch die letzte Perle führen und anschließend verknoten. Mit den Kettfäden am unteren Rand des Medaillons ebenso verfahren, jedoch je fünf Perlen aufziehen.

3 Die Perlenarbeit auf ein schwarzes Handytäschchen nähen und dessen Rand nach Belieben mit weiteren Perlen schmücken. So ist dein Handy immer geschützt und sieht toll aus.

Ganz crazy und speedy!

Schickes für hartes Jungs

MATERIAL

PIRATEN-ARMBAND

* Rocailles „Opak“ in Weiß und Schwarz, ø 2,5 mm
* Holzperlen, ø 4 mm, 8 x in Weiß und 6 x in Schwarz
* Nähgarn in Schwarz
* Ringverschluss in Silber

FORMEL-1-ARMBAND

* Rocailles „Opak“ in Schwarz, Weiß und Rot, ø 2,5 mm
* Rocailles „Matt“ in Grün, ø 2,5 mm
* Holzperlen, ø 4 mm, je 4 x in Rot und Grün, je 2 x in Weiß und Schwarz
* Nähgarn in Weiß
* Magnetverschluss in Silber

VORLAGE

Seite 59

Piraten-Armband

1 14 schwarze Kettfäden spannen. Das Armband nach der Zählvorlage weben; dabei den zweiten weißen „Knochen“ um drei Perlen nach rechts versetzen.

2 Die Webarbeit vom Rahmen lösen und die Fäden an beiden Armband-Enden in zwei Fadenstränge teilen. Auf jeden Strang eine weiße, eine schwarze und wieder eine weiße Holzperle ziehen. Beide Stränge einer Seite zusammenführen und abschließend mit einer schwarzen Holzperle bestücken.

3 Den silbernen Verschluss festknoten. So kann es in das Piratenlager gehen.

Formel-1-Armband

1 Elf Kettfäden auf den Webrahmen spannen und nach der Zählvorlage das Muster weben.

2 Nach der letzten Reihe die Arbeit vom Rahmen lösen und die Fäden beider Enden jeweils in zwei Stränge teilen. Jeden Fadenstrang mit einer grünen und einer roten Holzperle bestücken. Nun über beide Stränge gemeinsam eine weiße und eine schwarze Holzperle ziehen.

3 Den Magnetverschluss anbringen und los geht es auf die Rennbahn.

Cosmopolitan Design

für smarte England- und Italien-Touristen

MATERIAL

ENGLAND-HAARBAND

* Rocailles „Ceylon“ in Weiß, ø 2 mm
* Rocailles „Irisierend“ in Hellrot, ø 2 mm
* Rocailles „Opak“ in Schwarz, ø 2 mm
* Rocailles „Transparent“ in Dunkelblau, ø 2 mm
* Nähgarn in Blau
* Stirnband in Cremeweiß

ITALIEN-ARMBAND

* Rocailles „Ceylon“ in Weiß, ø 2 mm
* Rocailles „Irisierend“ in Hellgrün und Hellrot, ø 2 mm
* Holzperlen, ø 4 mm, je 12 x in Grün, Weiß und Rot
* Nähgarn in Weiß

VORLAGE

Seite 60

England-Haarband

1 Zwölf blaue Fäden auf den Webrahmen spannen und das Perlenband gemäß der Zählvorlage fertigen.

2 Die Webarbeit vom Rahmen lösen und die Fäden vernähen. Dazu mithilfe einer Perlenwebnadel jeden Faden aufnehmen und durch die letzten Perlenreihen ziehen.

3 Die Webarbeit auf ein Haarband nähen.

Italien-Armband

1 Zehn Kettenfäden, je 1 m lang, am Querhölzchen befestigen und einzeln durch die Kerben am Webrahmen spannen.

2 Entsprechend der Zählvorlage die ersten 15 Reihen fertigen. Dann die Fäden von den Holzknöpfen lösen und zu drei Fadensträngen bündeln. Über jeden Strang drei gleichfarbene Holzperlen ziehen: links in Grün; Weiß in der Mitte; rechts in Rot.

3 Anschließend die Fäden wieder spannen und das Muster unter Punkt 2 wiederholen. Abschließend noch einmal 15 Reihen mit Rocailles weben.

4 Das Band vom Rahmen lösen und die Fäden an beiden Enden in drei Stränge teilen. Jeden Strang erneut mit drei gleichfarbenen Holzperlen in Grün, Weiß und Rot bestücken. Damit die Perlen nicht rutschen, die Fäden zum Abschluss jeweils gegengleich durch die äußere Perle ziehen und verknoten. Fertig ist dein tolles Länder-Armband.

Mein Tipp für dich

Alternativen Das Italien-Armband kannst du problemlos auch in anderen Länder-Farben weben. Probiere einmal Deutschland, Frankreich oder Spanien aus.

Damit bist du auf (Zick-)Zack!

Ethnomuster fürs Handgelenk

MATERIAL NORWEGER-ARMBAND IN ROT
* Rocailles „Opak“ in Weiß und Rot, ø 2,5 mm
* Indianerperlen in Rosa, ø 2,5 mm
* Je 4 Holzperlen in Dunkelrot, Weiß und Rosa, ø 4 mm
* Nähgarn in Weiß

NORWEGER-ARMBAND IN BLAU
* Rocailles „Opak“ in Weiß, Wasserblau und Mittelblau, ø 2,5 mm
* Indianerperlen in Zartgelb, ø 2,5 mm
* Je 10 Holzperlen in Hellblau, Mittelblau und Dunkelblau, ø 4 mm
* Nähgarn in Weiß
* Magnetverschluss in Silber

VORLAGE
Seite 59

Norweger-Armband in Rot

1 Neun Kettfäden auf den Rahmen spannen und nach der Zählvorlage das Muster weben.

2 Nach der letzten Reihe die Webarbeit vom Rahmen lösen und die Kettfäden der beiden Enden in je zwei Stränge teilen, die mit je einer dunkelroten, weißen und rosa Holzperle bestückt werden. Damit die Holzperlen nicht rutschen, die Fäden zum Schluss gegengleich durch die rosa Holzperle ziehen und anschließend verknoten.

Norweger-Armband in Blau

1 14 Kettfäden auf den Rahmen spannen. Nun nach der Zählvorlage das Norwegermuster weben.

2 Nach der letzten Reihe die Arbeit vom Rahmen lösen und die Fäden auf beiden Seiten in drei Fadenstränge teilen. Jeden Strang mit vier Holzperlen im gleichen Blauton bestücken. Dann die Fadenstränge bündeln und über alle Fäden gemeinsam je eine dunkelblaue, hellblaue und mittelblaue Holzperle ziehen.

3 Abschließend den Magnetverschluss festknoten und schon bist du fertig mit dem Armband.

Happy Birthday
Happy Birthday

2 ABC
4 GHI
7 PQRS

Ein Hauch von Adel

Schatz für Mittelalter-Freaks

MATERIAL
WAPPENKETTE

* Rocailles „Opak" in Schwarz und Rot, ø 2 mm
* Rocailles „Perlmutt" in Gold, ø 2 mm
* 21 ovale Perlen in Gold
* Nähgarn in Schwarz
* Kettenverschluss in Gold

VORLAGE
Seite 61

1 28 Kettfäden, je 1,50 m lang, am Querhölzchen festknoten und einzeln durch die Kerben des Webrahmens zu den Holzknöpfen spannen. Nun entsprechend der Zählvorlage das Medaillon weben; dabei in der Mitte des Rahmens anfangen, da später am unteren Rand des Medaillons noch Rocailles als „Fransen" aufgefädelt werden.

2 Nach den 24 Reihen des Wappens 14 Fäden vom Rahmen lösen und fünf Reihen à zehn schwarze Rocailles weben: Dafür den Schussfaden zunächst am ersten Kettfaden festknoten; dann zehn Perlen auffädeln, unter die Kettfäden legen und die Nadel durch die Perlen zurückführen, sodass die außen liegenden Kettfäden an die Perlenreihe herangezogen werden. Mit fünf Achterreihen und fünf Sechserreihen fortfahren.

3 Nun die Fäden vom Rahmen lösen, die anderen 14 Fäden spannen und ebenfalls mit den schwarzen Rocailles weben. Nun auch diese Seite vom Rahmen lösen. Das Gewebte auf das Querhölzchen rollen, die Kettfäden wieder spannen und das Streifenmuster nach der Zählvorlage weben.

4 Ist die gewünschte Länge erreicht, die gesamte Kette vom Webrahmen nehmen. Die Fäden der beiden Kettenenden jeweils in zwei Stränge teilen und je drei ovale Perlen aufziehen. Danach die Fäden jeder Seite bündeln und eine weitere ovale Perle auffädeln. Den Kettenverschluss festknoten.

5 Die überstehenden Fäden am unteren Rand des Medaillons in sieben Stränge teilen und gemäß Vorlage mit Rocailles bestücken. Den Abschluss jedes Perlenstrangs bildet eine ovale goldene Perle: Damit sie nicht rutschen, werden die Fäden zum Schluss nochmals gegengleich durch sie hindurchgezogen und verknotet. Und auf geht es zum nächsten Mittelaltermarkt. Dort bis du mit dieser Kette auf jeden Fall der Hit.

Mein Tipp für dich

Farbvarianten Probiere die Kette auch in anderen Farben aus. Wie wäre es mit der Kombination Blau, Hellgrün und Silber?

Farbenfroh wie ein Regenbogen

für junge (Lebens-)Künstler

MATERIAL

BUNTSTIFT-ARMBAND

* Rocailles „Ceylon“ in Weiß, ø 2,5 mm
* Rocailles „Opak“ in Rosa, Hellblau, Flieder, Rot, Sonnengelb und Braun, ø 2,5 mm
* Indianerperlen in Grün und Maigrün, ø 2,5 mm
* Je 6 Holzperlen in Grün, Hellblau und Rosa, ø 4 mm
* Nähgarn in Weiß

KARO-ARMBAND

* Rocailles „Ceylon“ in Elfenbein, ø 2,5 mm
* Rocailles „Opak“ in Rot und Sonnengelb, ø 2,5 mm
* Rocailles „Perlmutt“ in Rosa und Flieder, ø 2,5 mm
* Je 4 Holzperlen in Rot, Weiß, Gelb und Lila, ø 4 mm
* Nähgarn in Elfenbein
* Drehverschluss in Silber

VORLAGE

Seite 60

Buntstift-Armband

1 Auf dem Rahmen 14 weiße Kettfäden spannen und nach der Zählvorlage die Buntstifte in der zweimaligen Reihenfolge Hellblau, Maigrün, Flieder, Sonnengelb, Rot, Grün und Rosa weben.

2 Nach der letzten Reihe das Armband vom Rahmen lösen und die Fäden auf beiden Seiten in drei Stränge teilen. Jeden dieser sechs Fadenstränge mit einer grünen, hellblauen und rosa Holzperle bestücken. Damit die Perlen nicht rutschen, die Fäden zum Abschluss gegengleich durch die jeweils äußere Holzperle ziehen und verknoten.

Karo-Armband

1 Acht Kettfäden in Elfenbein auf den Webrahmen spannen und gemäß Zählvorlage das Armband weben.

2 Nach der letzten Reihe die Arbeit vom Rahmen lösen. Die Fäden jeder Seite in zwei Stränge teilen und jeden Strang mit je einer roten, weißen und gelben Holzperle verzieren. Die beiden Perlenstränge einer Seite zusammenführen und jeweils mit zwei lila Holzperlen bestücken.

3 Abschließend den Drehverschluss festknoten und schon ist dein fröhlich-lustiges Armband zum Ausgehen bereit.

Die Abschlüsse kannst du natürlich auch aus Rocailles anfertigen. Diese sind zwar etwas teurer als Holzperlen, sehen aber sehr schön aus.

Bildschöne Indianerkette

für Squaws und Winnetous Freunde

MATERIAL

* Rocailles „Opak“ in Gelb, Orange, Rot, Blau und Schwarzblau, ø 2 mm
* Je 2 Holzperlen in Gelb, Orange, Rot, Blau und Schwarz, ø 4 mm
* Nähgarn in Schwarz
* Magnetverschluss in Silber

VORLAGE

Seite 57

1 20 Kettfäden, je 1,50 m lang, am Querhölzchen befestigen und einzeln durch die Kerben des Webrahmens zu den Holzknöpfen spannen. Entsprechend der Zählvorlage das Medaillon weben; dabei in der Mitte des Webrahmens beginnen, da später am unteren Rand des Medaillons noch Rocailles als „Fransen“ aufgefädelt werden.

2 Nach den ersten 17 Reihen zehn Kettfäden vom Rahmen lösen. Die verbleibenden Kettfäden bis zum Rahmenende nach der Zählvorlage weben; dabei in der ersten Reihe (sieben blaue Perlen) die beiden äußeren Fäden an die Perlenreihe heranziehen.

3 Das Gewebte vom Rahmen lösen, die anderen zehn Kettfäden spannen und ebenfalls bis zum Rahmenende weben. Nun auch diese Seite lösen und das Gewebte auf das Querhölzchen rollen. Diesen Vorgang wiederholen, bis das Muster vollständig gewebt ist.

4 Die gesamte Kette von Rahmen nehmen und über die gebündelten Fadenenden beider Seiten je eine Holzperle in Orange, Blau, Gelb, Schwarz und Rot ziehen. Den Magnetverschluss befestigen.

5 Die überstehenden Fäden am unteren Rand des Medaillons in neun Stränge teilen und nach der Zählvorlage die Rocailles auf die Fäden ziehen. Damit die Perlen nicht rutschen, die Fäden nochmals gegengleich durch die äußere Rocaille ziehen und mehrmals verknoten. So wird aus dir eine echte Squaw oder ein tapferer Häuptling.

Mein Tipp für dich

Farben Um noch mehr wie ein echter Indianer zu wirken, kannst du auch viele Erdtöne, wie z. B. Kaffee, Terracotta, Umbra, Sand oder Khaki verwenden.

F1
Warmblut
Herkunft:
Amerika
Warmblut
Herkunft:
England
Sehr freund-
Pony, gut zu
reiten.

Schön wie die Ferien

Hörst du das Meeresrauschen?

MATERIAL

FISCH-ARMBAND

* Rocailles „Transparent" in Mittelblau, ø 2 mm
* Rocailles „Ceylon" in Gelb, ø 2 mm
* Rocailles „Irisierend" in Hellgrün und Zartrosa, ø 2 mm
* Rocailles „Opak" in Sonnengelb und Schwarz, ø 2,5 mm
* Rocailles „Perlmutt" in Flieder, ø 2,5 mm
* Indianerperlen in Maigrün, ø 2,5 mm
* 12 Holzperlen in Hellblau, ø 4 mm
* Nähgarn in Blau

ARMBAND MIT MARITIMEN ANHÄNGERN

* Rocailles „Ceylon" in Hellblau und Grün, ø 2 mm
* Rocailles „Opak" in Weiß und Mittelblau, ø 2 mm
* 6 Holzperlen in Hellblau, ø 4 mm
* Schmuckperlen „Maritim", je 4 Fische und Seesterne
* Nähgarn in Weiß
* Verschluss mit Verlängerungskettchen in Silber

VORLAGE

Seite 58

Fisch-Armband

1 Neun Kettfäden spannen und nach der Zählvorlage das Fischmuster weben. Dabei für die Fische die verschiedenfarbigen Rocailles nach Belieben wählen. Für das „Wasser" werden die mittelblauen Perlen verwendet.

2 Nach den beiden letzten mittelblauen Reihen die Webarbeit vom Rahmen lösen und die Fäden jedes Endes in zwei Stränge teilen, die mit je drei hellblauen Holzperlen bestückt werden. Damit die Perlen nicht rutschen, die Fäden gegengleich durch die äußerste Holzperle ziehen und mehrmals verknoten.

Armband mit maritimen Anhängern

1 Mit dem weißen Nähgarn neun Kettfäden auf den Webrahmen spannen. Nun das Streifenmuster entsprechend der Zählvorlage mit acht Perlen pro Reihe weben. Die „Fortsätze" mit den Schmuckperlen werden erst später hinzugefügt.

2 Die Schmuckperlen am Armband befestigen. Dazu einen 50 cm langen Faden durch die ersten drei Perlenreihen ziehen. Danach fünf Rocailles, eine Schmuckperle und eine abschließende Rocaille auf den Faden ziehen. Nun den Faden durch die Schmuckperle zurückführen, dabei die äußere Rocaille überspringen. Anschließend den Faden durch die nächsten fünf Perlenreihen am Armband ziehen und den zweiten Perlenstrang auf die gleiche Weise mit drei Rocailles, einer Schmuckperle und einer abschließende Rocaille fertigen. Die Farbe der Rocailles wird jeweils so gewählt, dass sie mit jener der danebenliegenden Reihe übereinstimmt.

3 Das Schema von Punkt 2 noch dreimal wiederholen. Dann die Webarbeit vom Rahmen nehmen, alle Fäden beider Seiten bündeln und mit je drei Holzperlen bestücken.

4 Zuletzt den Kettenverschluss anbringen. Damit kann es in die Ferien gehen.

Materialien und Werkzeuge

Transparenter NYLONFADEN mit einem Durchmesser von 0,15 mm dient zur Herstellung von schönen Schmuckstücken.

ROCAILLES in verschiedenen Farben und Größen sind Grundmaterial, aus dem die Armbänder und Accessoires gefertigt werden.

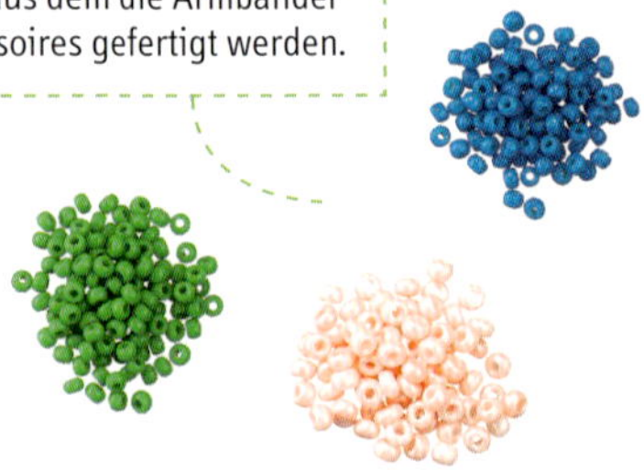

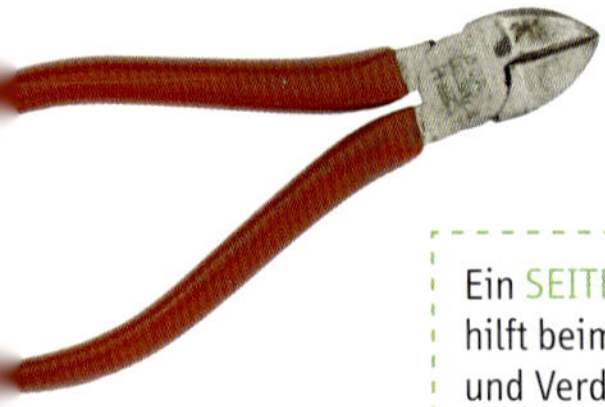

Ein SEITENSCHNEIDER hilft beim Durchtrennen und Verdrehen des Drahtes.

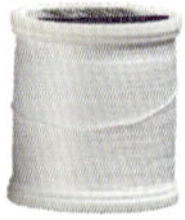

NÄHGARN in verschiedenen Farben.

KRAFT-/SCHMUCKKLEBER fixiert Perlen am Nylonfaden ohne dass dieser brüchig wird

Diverse HOLZPERLEN werden zusätzlich für die einzelnen Modelle als Verzierung oder Abschluss benötigt.

Eine spitze SCHERE sollte zum Kürzen der Nylonfäden immer bereitliegen.

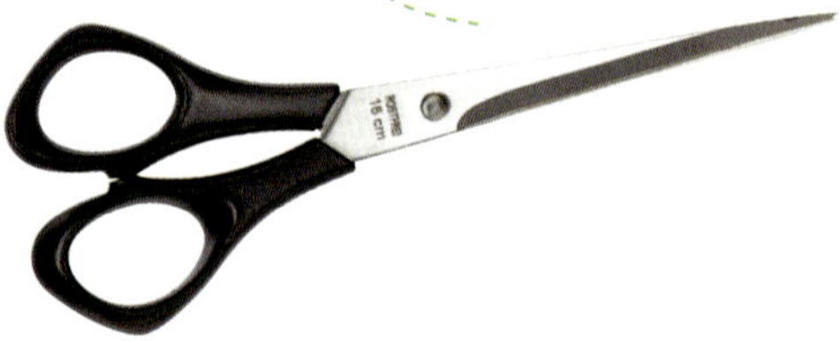

Feiner SILBERDRAHT mit einem Durchmesser von 0,15 mm ist ideal zum Anfertigen von Armbändern und Ketten.

Weitere Materialien: Perlenwebrahmen, Perlenwebnadel, Einfädler und Kettenverschlüsse.

So wird's gemacht

1 Zunächst muss der Webrahmen mit den Kettfäden versehen werden: Das Nähgarn am Querhölzchen festknoten und durch die gewünschte Kerbe des Webrahmens bis zur entsprechenden Kerbe auf der anderen Seite führen. Den Faden um die Holzknöpfe wickeln, dann durch die benachbarte (oder übernächste) Kerbe zurück zum Querhölzchen spannen. (Der Abstand der Kettfäden hängt vom Durchmesser der Perlen ab!) Nun den Faden um das Querhölzchen legen und wieder zu den Holzknöpfen führen. Diesen Vorgang wiederholen, bis die erforderliche Anzahl von Kettfäden erreicht ist.

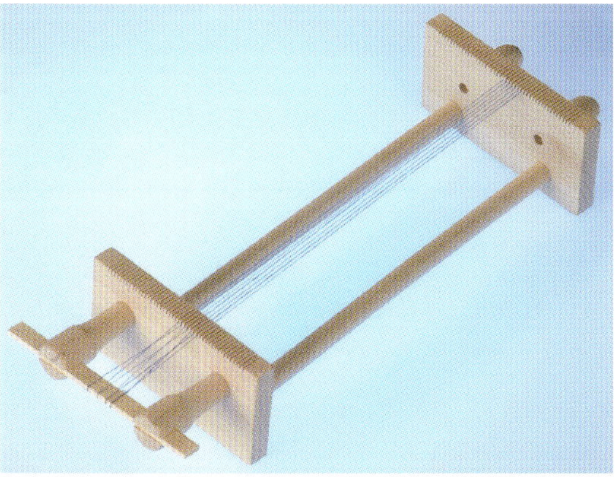

2 Man benötigt immer einen Kettfaden mehr, als man Perlen pro Reihe webt: Ist z. B. ein Armband sechs Perlen breit, braucht man zum Weben sieben Kettfäden. Diese sollten immer möglichst straff gespannt sein!

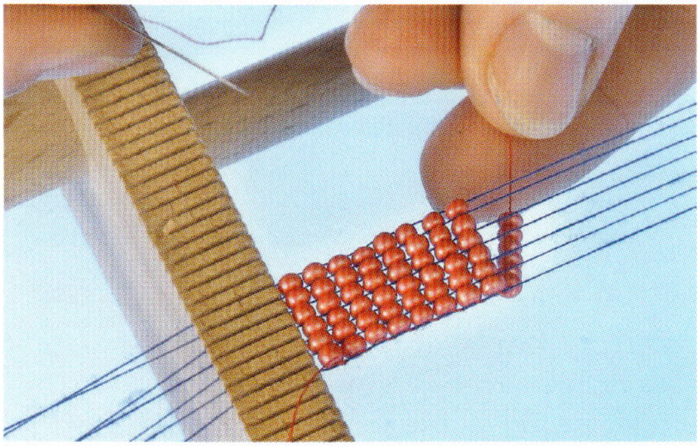

Tipps: Die äußeren Kettfäden doppelt spannen, um der Perlenarbeit noch mehr Stabilität zu verleihen.

3 Das Fadenende wird mehrmals um einen der Holzknöpfe gewickelt und mit Klebefilm am Rahmen befestigt. Über die Kerben kann ebenfalls Klebefilm geklebt werden, damit die Fäden nicht herausrutschen.

4 Beim Weben sollte das Querhölzchen des Rahmens immer zum „Perlenkünstler" zeigen, damit der Schussfaden nicht an den Holzknöpfen hängen bleibt.

5 Gemäß der betreffenden Zählvorlage, und zwar von unten (Querhölzchen) nach oben (Holzknöpfe) weben. Zuerst einen ca. 75 cm langen Faden – den „Schussfaden" (Nähgarn oder Nylonfaden), der zum Weben dient – unten am äußeren linken Kettfaden festknoten. Das andere Fadenende (mithilfe eines Einfädlers) durch eine feine Perlenwebnadel ziehen.

6 Die Perlen für die erste Reihe entsprechend der Zählvorlage auffädeln und von links nach rechts unter die Kettfäden legen. Jetzt die Perlen einzeln zwischen die Kettfäden drücken. Anschließend die Nadel samt Faden von rechts nach links oberhalb der Kettfäden durch die Perlen führen. Den Faden stets gut festziehen und die einzelnen Reihen eng zusammenschieben. Gemäß der Zählvorlage weiterweben.

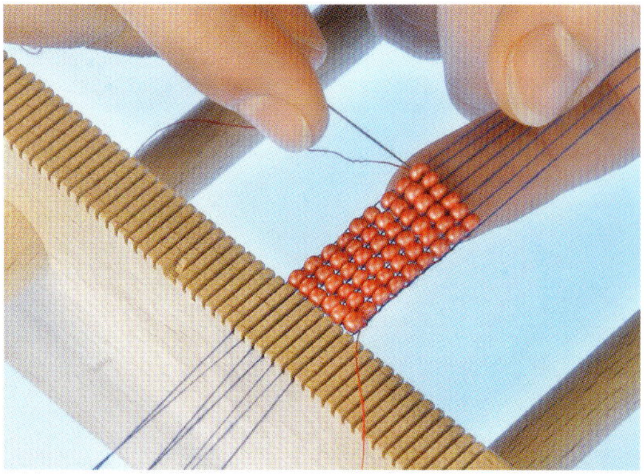

So wird's gemacht

7 Der Schussfaden wird vernäht, indem man ihn durch einige Perlenreihen zurückfädelt. Geht während des Webens der Schussfaden zu Ende, wird er ebenfalls durch die vorigen Perlenreihen zurückgeführt und dann gekürzt. Den neuen Schussfaden an der linken Seite der Kettfäden festknoten oder – mit einem Knoten am Ende versehen – nochmals durch die zuletzt gewebten Reihen führen; dann mit der nächsten Reihe fortfahren.

Tipps: Der Schussfaden kann durch sämtliche Reihen zurückgefädelt werden: So wird das Schmuckstück zusätzlich gesichert und besonders haltbar.

8 Die Kettfäden auf beiden Seiten lösen und die benachbarten Fäden miteinander verknoten. Anschließend die Fadenenden mit Perlen verzieren und die Verschlüsse festknoten. Alle Knoten mit einem Tropfen Schmuckkleber fixieren.

Halsketten

Für Halsketten die Fäden am Querhölzchen des Webrahmens festknoten. Je einen Faden durch die sich gegenüberliegenden Kerben spannen und das Ende mehrmals um die Holzknöpfe wickeln. Ist der Holzrahmen voll gewebt, die Fäden vorsichtig vom Rahmen lösen und das Gewebte auf das Querhölzchen rollen. Danach die Fäden wieder einzeln durch die Kerben spannen, die Fadenenden um die Holzknöpfe wickeln und weiterweben.

Lochmuster

Einige Modelle weisen ein Lochmuster auf, das jeweils mithilfe einer speziellen Zeichnung hergestellt wird: Auf eine oder mehrere vollständige Reihen folgt ein Loch – hier werden nur die Perlen aufgefasst und mit dem Schussfaden fixiert, die sich am äußeren linken Rand befinden! Die Perlen rechts vom Loch werden zunächst ignoriert; sie werden erst nach dem Weben der letzten Reihe mithilfe eines neuen Schussfadens eingefügt. Dabei müssen gemäß der Zeichnung die frei liegenden Kettfäden mit dem Schussfaden an die Perlen herangezogen werden, damit der Locheffekt entsteht!

Liegen zwei Löcher nebeneinander, werden die Perlen, die jeweils rechts von den Löchern liegen, auch mit zwei verschiedenen Schussfäden eingewebt (siehe die verschiedenfarbige Fadenführung auf der Zeichnung). Jeder Faden wird danach durch die vollständigen Perlenreihen zu den nächsten, direkt darüber liegenden Löchern geführt.

Schwarz-goldene Kombination

SEITE 6

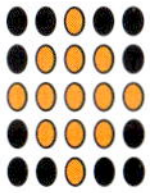

Kette 29 x

Armband 10 x

In strahlendem Gelb

SEITE 8

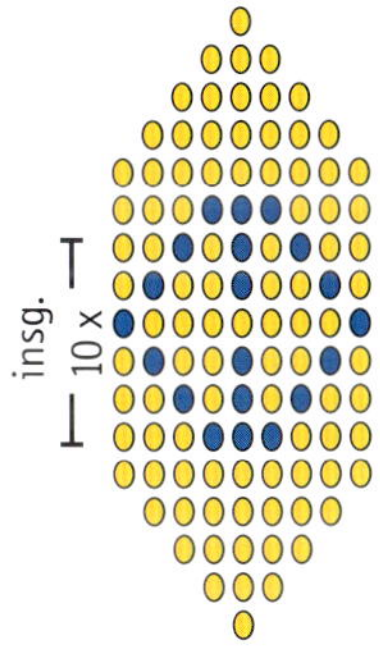

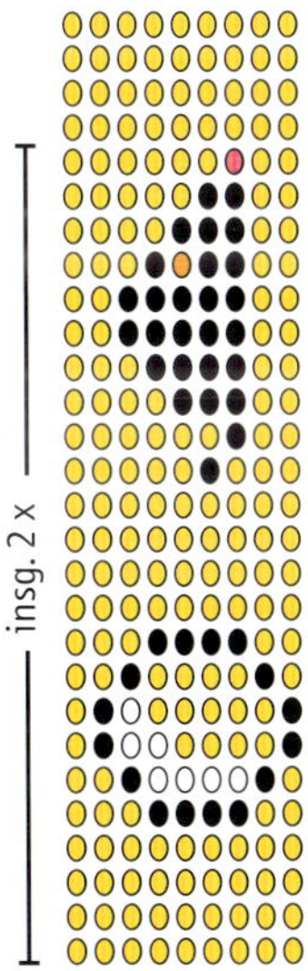

Nachtblau

SEITE 15

Kette

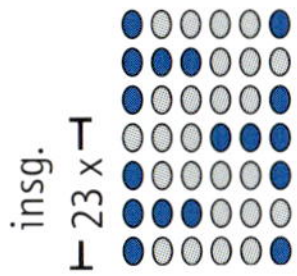

Armband

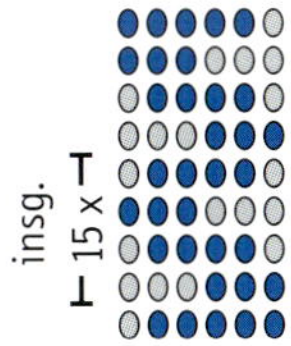

Ladylike

SEITE 12-14

Armband in Grüntönen

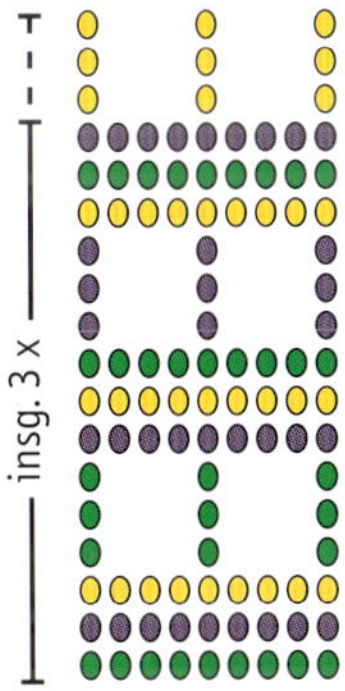

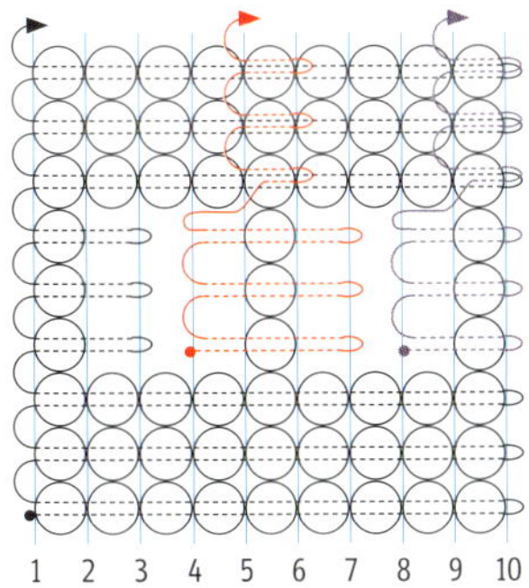

Kette in Gelb-Orange

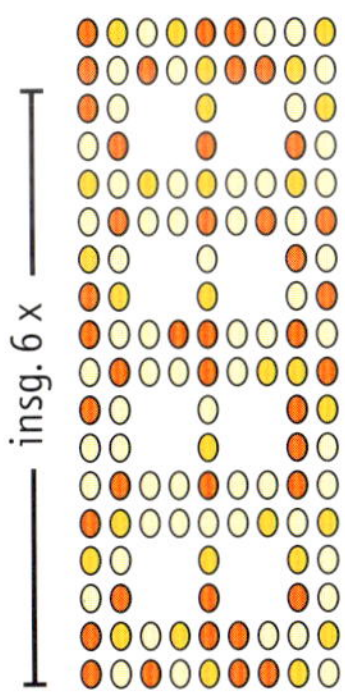

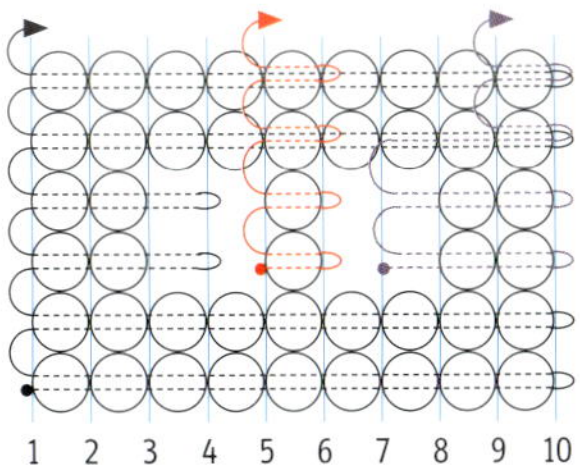

Verspielt, natürlich, witzig!

SEITE 18

Marienkäfer-Armband

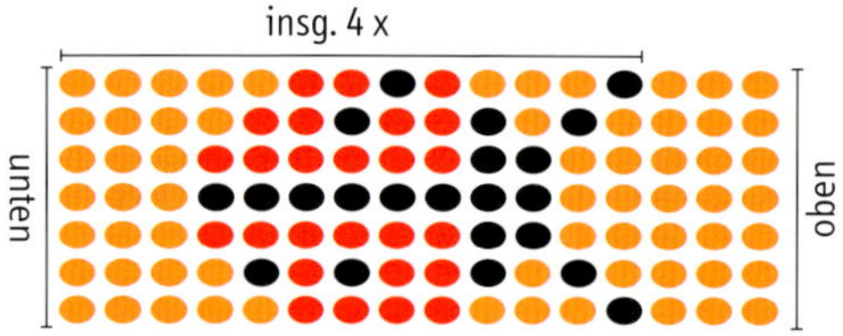

- Schwarz opak
- Orange opak
- Rot opak

Frosch-Armband

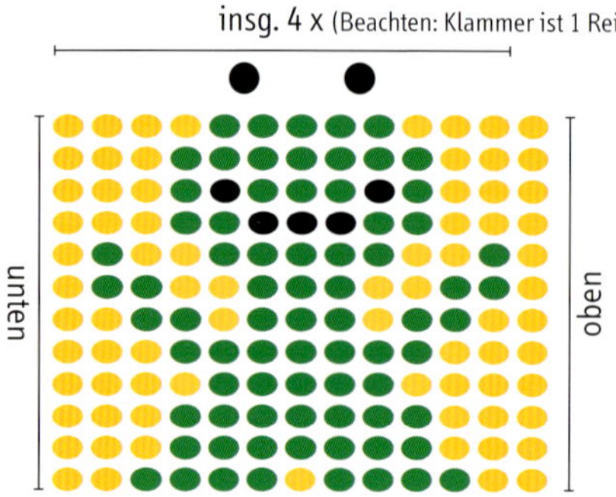

- Schwarz opak
- Indianerperlen gelb
- Indianerperlen grün
- Holzperlen

Pfiffig in Mint und Lila

SEITE 24

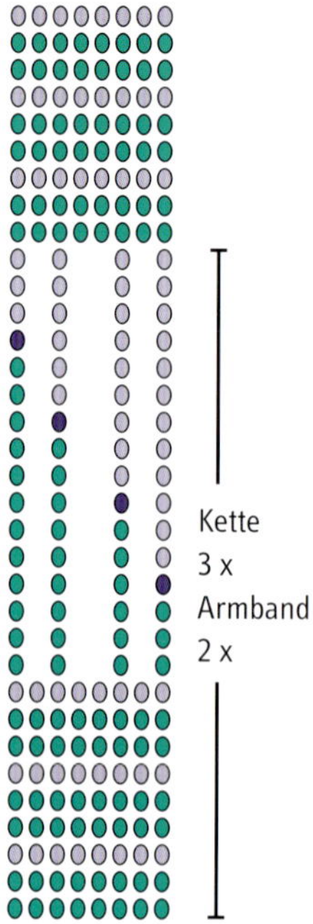

Pastellfarben

SEITE 20

Armband in Grün & Blau

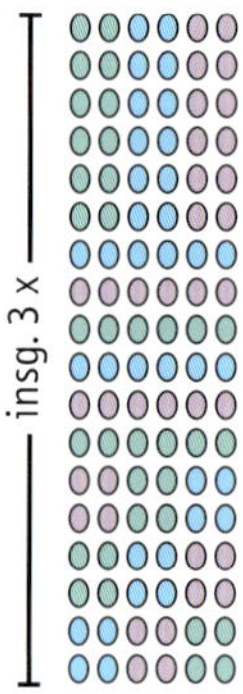

Armband in Rottönen

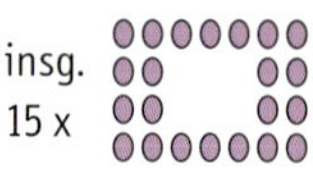

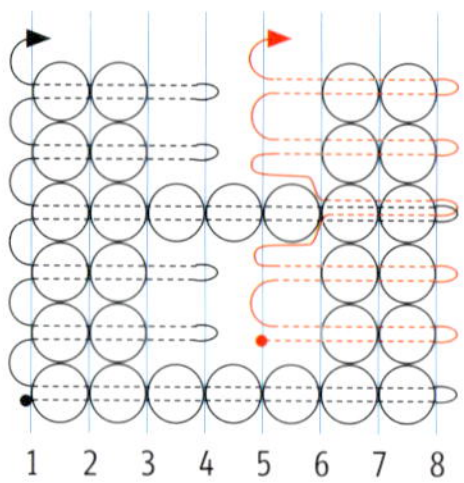

Wild, lustig und spontan

SEITE 22

Armband

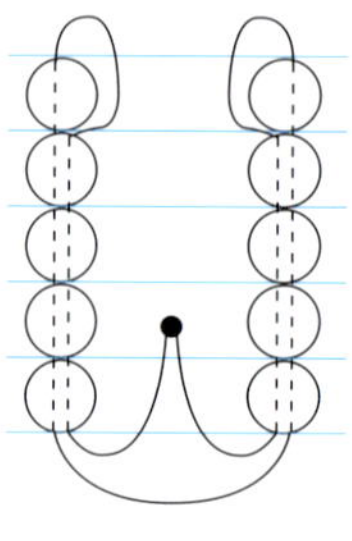

Ring

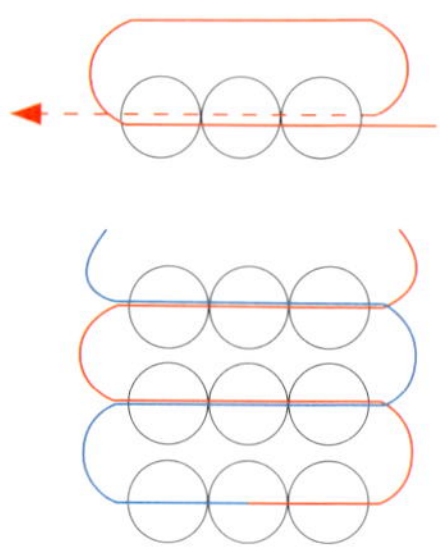

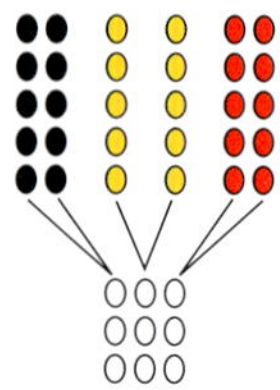

Frühlingsfrisch und heiter

SEITE 10

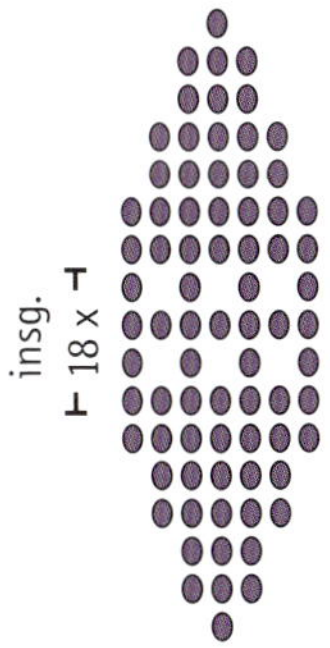

Lochmuster

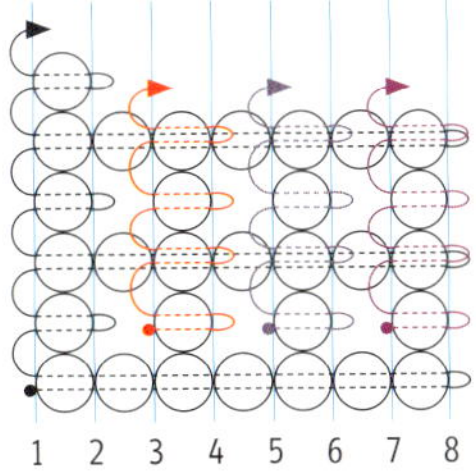

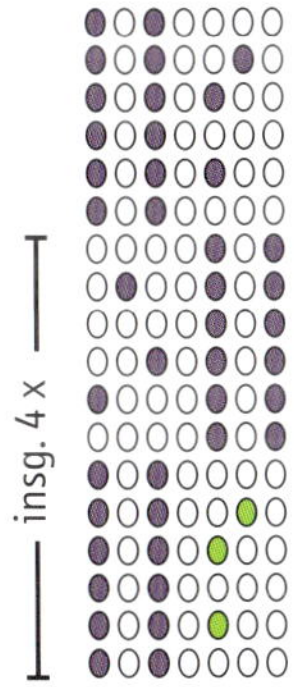

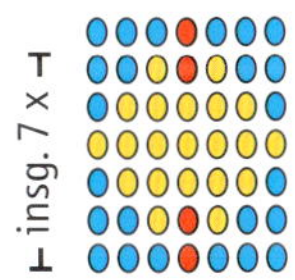

Black is beautiful

SEITE 30

Armband in Schwarz-Weiß mit eingewebten Perlenstrang

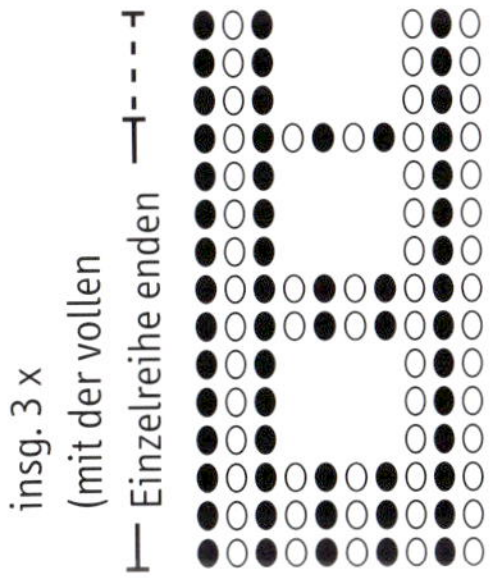

Armband mit Dreiecken

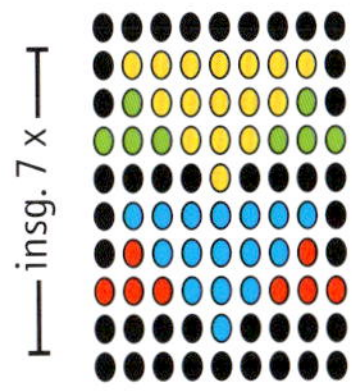

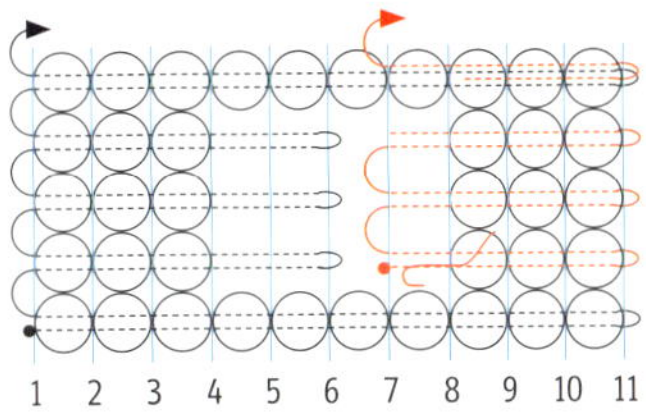

Schickes (Jet-)Set

SEITE 32

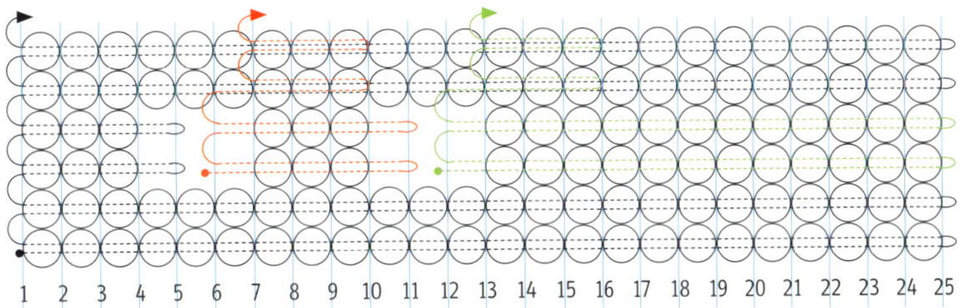

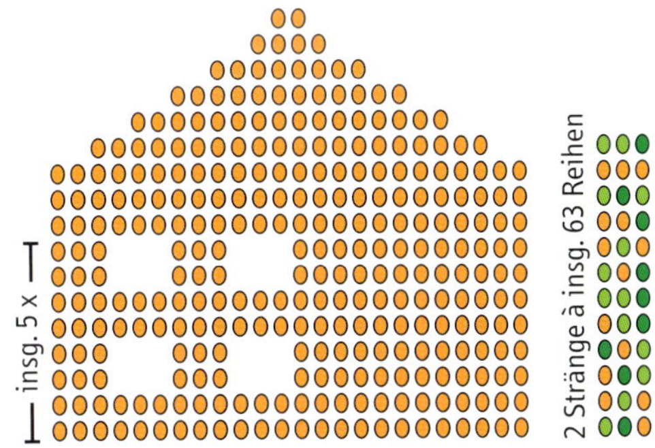

Sommerfrische Accessoires

SEITE 26

Schmetterlings-Kette

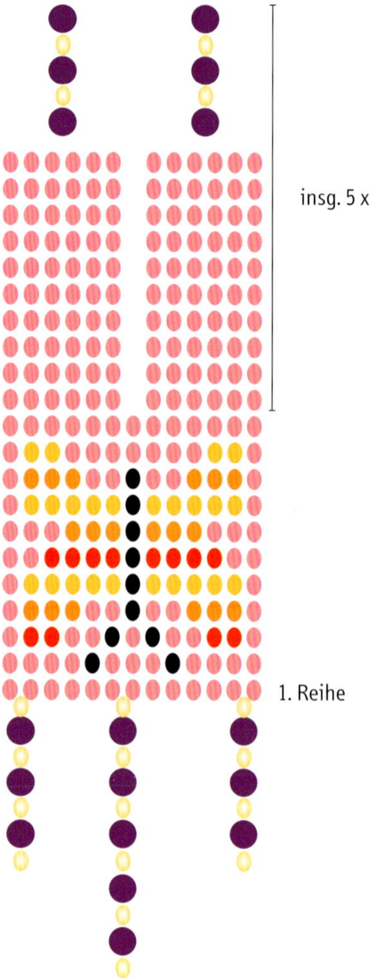

Schmetterlings-Armband

- Schwarz opak
- Gelb opak
- Grün Perlmutt
- Orange opak
- Rosa Ceylon
- Gold Perlmutt
- Rot opak
- Blau Perlmutt
- Holzperlen

Like a Princess…
SEITE 34

Kette

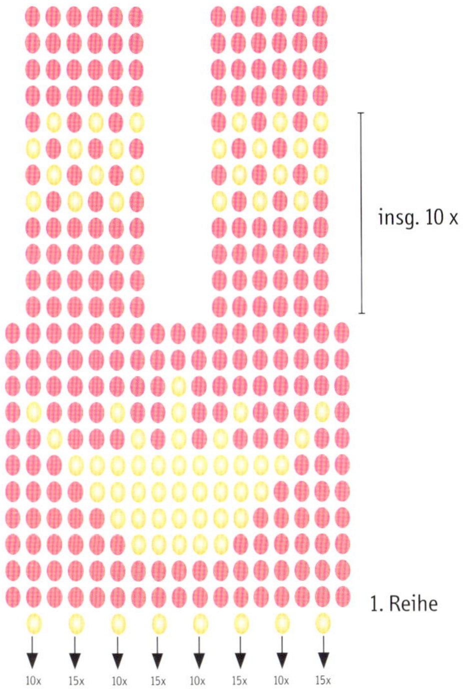

Handytasche

- Rosa opak bzw. Ceylon
- Gold Perlmutt

Bildschöne Indianerkette
SEITE 46

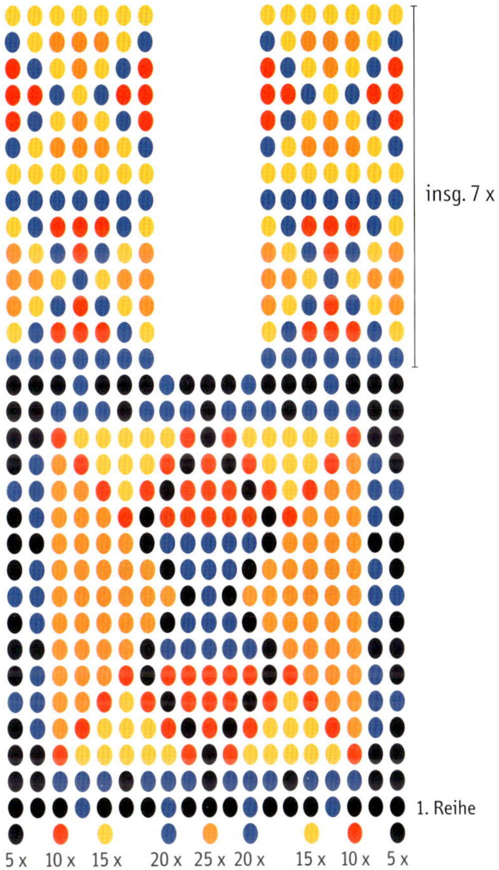

- Rot opak
- Gelb opak
- Orange opak
- Blau opak
- Schwarzblau opak

Schön wie die Ferien ...

SEITE 48

Fisch-Armband

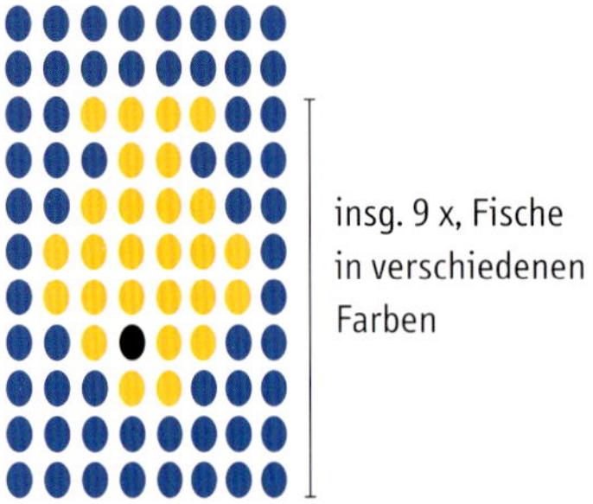

- Mittelblau transparent
- Sonnengelb opak
- Schwarz opak

Armband mit maritimen Anhängern

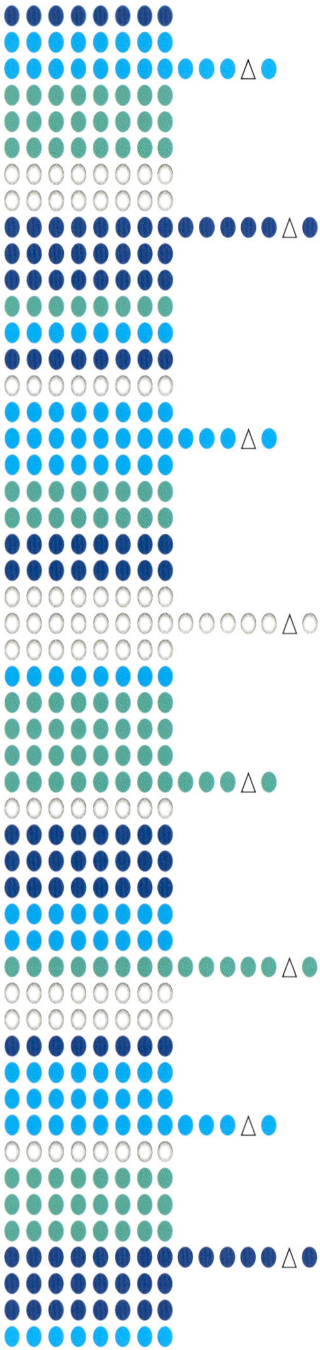

- Mittelblau opak
- Weiß opak
- Hellblau Ceylon
- Grün Ceylon
- △ silbrige Fische bzw. Seesterne

Ganz crazy und speedy!
SEITE 36

Piraten-Armband

Knochen und Schädel wiederholen, dabei Knochen um 3 Perlen nach rechts versetzen.

- Schwarz opak
- Weiß opak

Formel-1-Armband

- Rot opak
- Schwarz opak
- Weiß opak
- Grün matt

Damit bist du auf (Zick-)Zack!
SEITE 40

Norweger-Armband in Rot

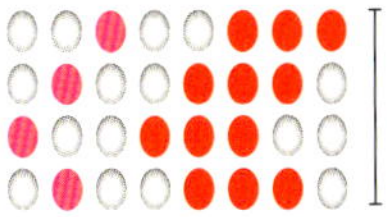

insg. 15 x

- Indianerperlen rosa
- Rot opak
- Weiß opak

Norweger-Armband in Blau

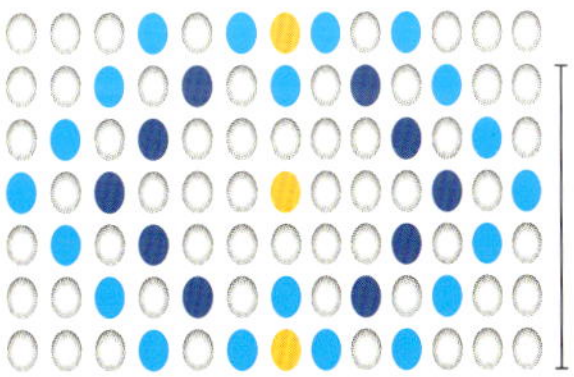

insg. 9 x

- Wasserblau opak
- Mittelblau opak
- Weiß opak
- Indianerperlen zartgelb

Cosmopolitan Design

SEITE 38

England-Haarband

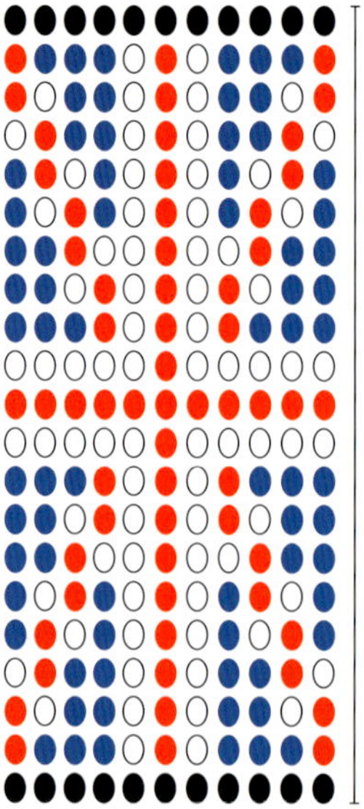

ab der 2. Reihe insgesamt 3 x wiederholen

- Schwarz opak
- Hellrot irisierend
- Dunkelblau transparent
- Weiß Ceylon

Italien-Armband

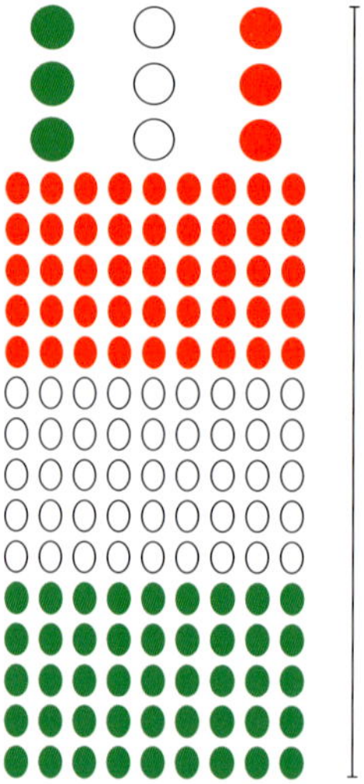

insg. 3 x

- Hellgrün irisierend
- Weiß Ceylon
- Hellrot irisierend
- Holzperlen grün
- Holzperlen weiß
- Holzperlen rot

Farbenfroh wie ein Regenbogen

SEITE 44

Buntstift-Armband

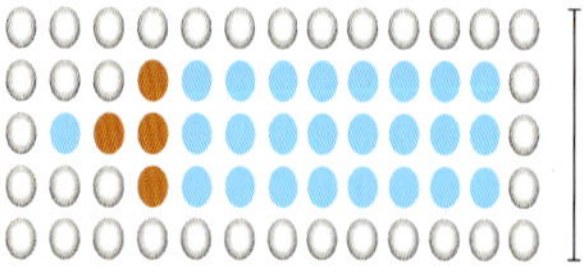

insg. 14 x, in verschiedenen Farben

- Hellblau opak
- Braun opak
- Weiß Ceylon

Karo-Armband

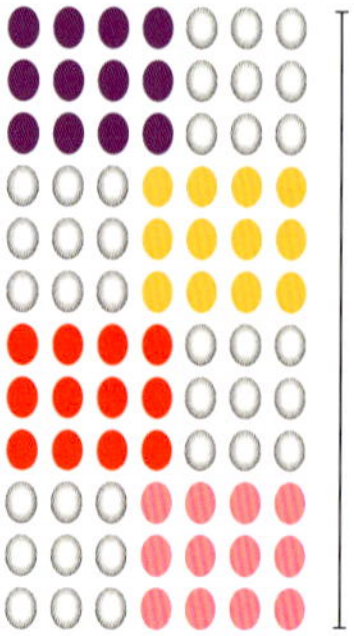

insg. 5 x

- Rot opak
- Sonnengelb opak
- Rosa Perlmutt
- Flieder Perlmutt

Ein Hauch von Adel

SEITE 42

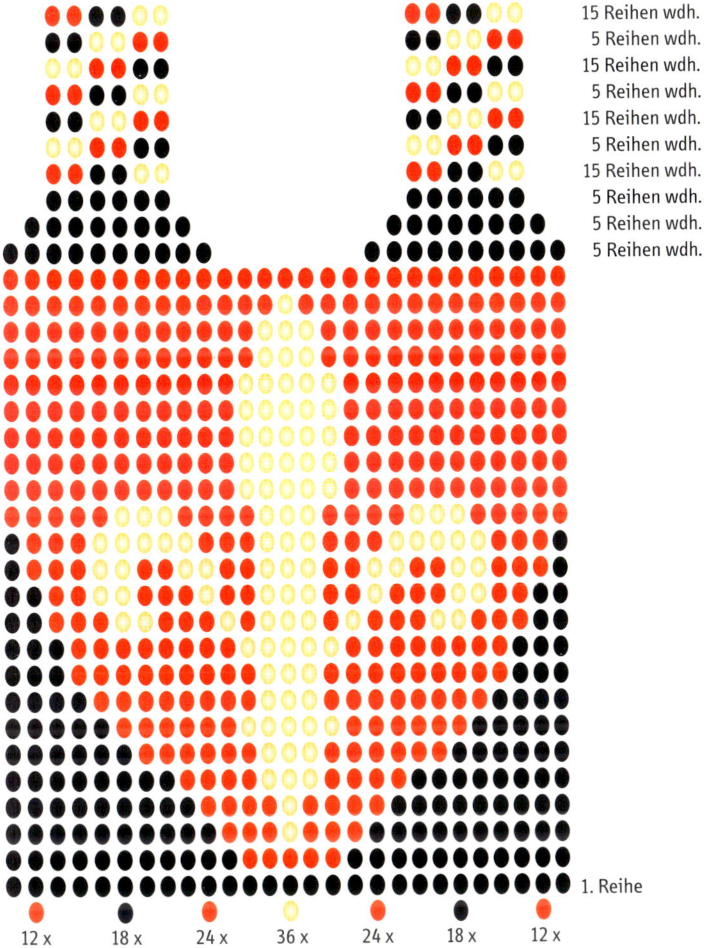

- Gold Perlmutt
- Rot opak
- Schwarz opak

Natürlich verträumt

SEITE 28

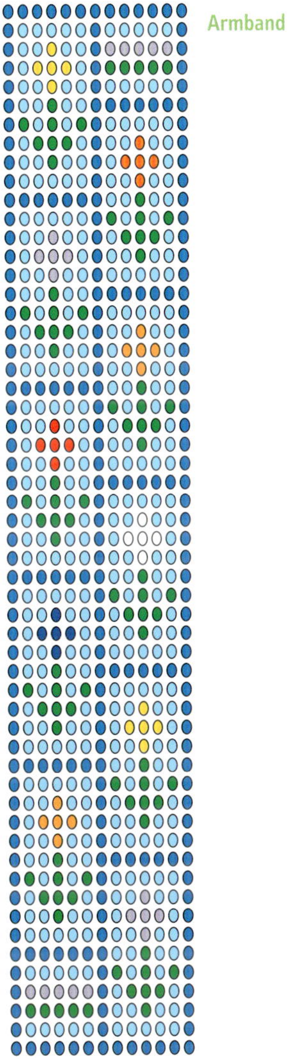

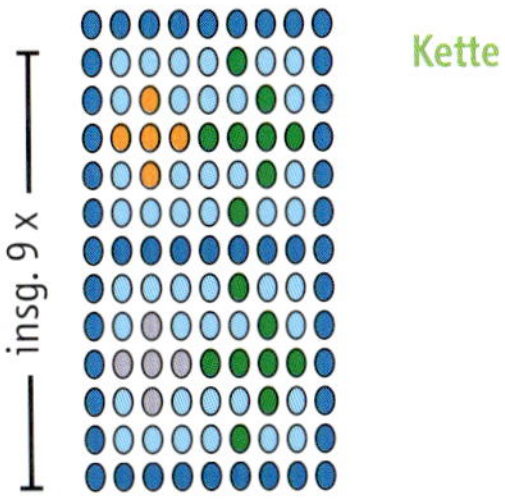

Buchtipps für Sie

TOPP 5740

ISBN 978-3-7724-5740-1

TOPP 5569

ISBN 978-3-7724-5569-8

TOPP 5729

ISBN 978-3-7724-5729-6

TOPP 5627

ISBN 978-3-7724-5627-5

TOPP 3797

ISBN 978-3-7724-3797-7

TOPP 3841

ISBN 978-3-7724-3841-7

TOPP 3743

ISBN 978-3-7724-3743-4

TOPP 6669

ISBN 978-3-7724-6669-7

TOPP 3878

ISBN 978-3-7724-3878-3

Bastelideen für Kinder

Basteln, das heißt spielen, staunen, begreifen, lernen und die eigene Kreativität entdecken. Ob hübsche Dekoration, tolle Bastelidee oder spielerische Förderung: In diesen Büchern werden Sie garantiert fündig.

3

Die drei coolsten Modelle

ie drei edelsten rmbänder

X

Die drei einfallsreichsten Accessoires

3

TOPP – Unsere Servicegarantie

WIR SIND FÜR SIE DA! Bei Fragen zu unserem umfangreichen Programm oder Anregungen freuen wir uns über Ihren Anruf oder Ihre Post. Loben Sie uns, aber scheuen Sie sich auch nicht, Ihre Kritik mitzuteilen – sie hilft uns, ständig besser zu werden.

Bei Fragen zu einzelnen Materialien oder Techniken wenden Sie sich bitte an unseren Kreativservice, Frau Erika Noll.

mail@kreativ-service.info
Telefon 0 50 52 / 91 18 58

Das Produktmanagement erreichen Sie unter:

pm@frechverlag.de
oder:
frechverlag
Produktmanagement
Turbinenstraße 7
70499 Stuttgart
Telefon 07 11 / 8 30 86 68

LERNEN SIE UNS BESSER KENNEN! Fragen Sie Ihren Hobbyfach- oder Buchhändler nach unserem kostenlosen Kreativmagazin **Meine kreative Welt**. Darin entdecken Sie vierteljährlich die neuesten Kreativtrends und interessantesten Buchneuheiten.

Oder besuchen Sie uns im Internet! Unter **www.frechverlag.de** können Sie sich über unser umfangreiches Buchprogramm informieren, unsere Autoren kennenlernen sowie aktuelle Highlights und neue Kreativtechniken entdecken, kurz – die ganze Welt der Kreativität.

Kreativ immer up to date sind Sie mit unserem monatlichen **Newsletter** mit den aktuellsten News aus dem frechverlag, Gratis-Bastelanleitungen und attraktiven Gewinnspielen.

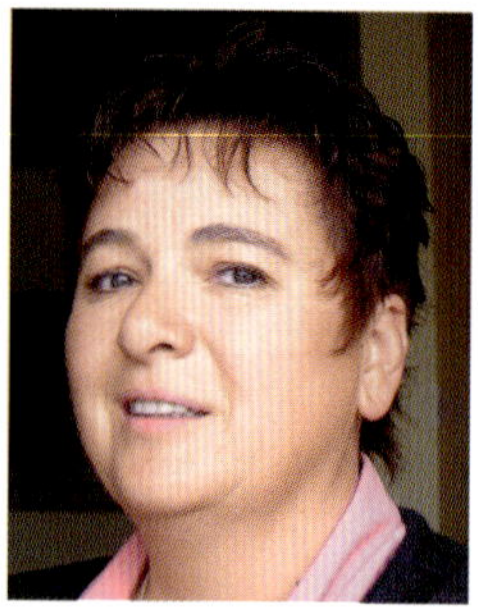

Sabine Koch wurde 1961 in Butzbach geboren und ist gelernte Erzieherin. Schon lange vor ihrer beruflichen Tätigkeit hat sie mit ihren Eltern gebastelt und gewerkelt. Es entstanden Holz-, Handarbeiten und allerlei mehr. Während eines Kuraufenthaltes erlernte sie dann das Aufziehen von Perlen – und schon bald folgten auf das erste Krokodil viele eigene Kreationen. 1998 war es dann soweit: Mit ihrem ersten Buch „Perlenpower" erfüllte sie sich einen Traum. Heute ist Frau Koch als Perlenautorin nicht mehr aus dem frechverlag wegzudenken.

IMPRESSUM

FOTOS: frechverlag GmbH, 70499 Stuttgart; Fotostudio Ullrich & Co., Renningen

PRODUKTMANAGEMENT UND LEKTORAT: Christina Peiker

GESTALTUNG: Sophia Höpfner

DRUCK UND BINDUNG: Finidr, s.r.o., Cesky Tesin, Tschechische Republik

1. Auflage 2011

ISBN 978-3-7724-5826-2 • Best.-Nr. 5826